공론장의 새로운 구조변동

Ein neuer Strukturwandel der Öffentlichkeit und die deliberative Politik

공론장의 새로운 구조변동

Ein neuer Strukturwandel der Öffentlichkeit und die deliberative Politik

초판 1쇄 발행 2024년 2월 5일
초판 2쇄 발행 2024년 6월 17일

—

지은이 위르겐 하버마스
옮긴이 한승완
펴낸이 이방원

책임편집 정조연   **책임디자인** 박혜옥
마케팅 최성수 · 김 준   **경영지원** 이병은

—

펴낸곳 세창출판사
신고번호 제1990-000013호 주소 03736 서울특별시 서대문구 경기대로 58 경기빌딩 602호
전화 02-723-8660 팩스 02-720-4579 이메일 edit@sechangpub.co.kr
홈페이지 http://www.sechangpub.co.kr 블로그 blog.naver.com/scpc1992
페이스북 fb.me/Sechangofficial 인스타그램 @sechang_official

—

ISBN 979-11-6684-299-3 93330

공론장의 새로운 구조변동

Ein neuer Strukturwandel der Öffentlichkeit und die deliberative Politik

위르겐 하버마스Jürgen Habermas 지음

한승완 옮김

세창출판사

서론

우선 나의 동료, 마르틴 젤리거^{Martin Seeliger}와 세바스티안 세비나니 Sebastian Sevignani에게 고마운 마음을 표해야겠다. 그들은 최근에 있었던 공론장의 "새로운" 구조변동에 대해 말해야만 하는가라는 문제를 논의하는 틀 내에서, 내가 비록 오래전부터 다른 문제 제기에 전념하면서 이와 관련된 출판물을 단지 매우 선택적으로만 알고 있음에도 불구하고, 이 오래된 주제를 새로이 다뤄 보도록 자극하였다. 그사이 이 논의가 학술지 『레비아탄^{Leviathan}』의 특별호에 수록되어 발간되었는데, 나는 이들 논문을 통해 관련된 전문적 토론의 최신 정보를 얻을 수 있었다. 이 유익한 독서에 대해 동료들에게 고마움을 느낀다.[1]

　오늘날 이 주제가 광범위한 관심을 끌고 있다는 것은 놀

---

[1]　M. Seeliger, S. Sevignani (Hg.), *Ein erneuter Strukturwandel der Öffentlichkeit?* (=*Leviathan. Sonderband 37*), Baden-Baden 2021.

라운 일이 아니다. 그래서 나는 앞서 언급한 특별호에 대한 내 자신의 기고문을 약간 수정하여 보다 일반적인 대중이 이용할 수 있도록 하기로 결정했다. 그리고 정치적 공론장에서 계몽된 민주적 의사 결정을 필요로 하는 토의정치 개념에 대한 두 가지 해명으로써 이 기고문을 보완한다. 그것은 『토의민주주의에 관한 옥스퍼드 핸드북The Oxford Handbook of Deliberative Democracy』을 위해 진행된 인터뷰의 요약본[2]과 동일한 주제에 대해 에밀리 프라티코Emilie Prattico가 편집한 인터뷰집에 실린 내 서문의 개정본이다.[3]

2022년 1월, 슈타른베르크에서
위르겐 하버마스

---

[2]   J. Habermas, "Interview", in: A. Bächtiger, J.S. Dryzek, J. Mansbridge, M.E. Warren (Hg.), *The Oxford Handbook of Deliberative Democracy*, Oxford 2018, 871-883.

[3]   J. Habermas, "Foreword", in: E. Prattico (Hg.), *Habermas and the Crisis of Democracy. Interviews with Leading Thinkers*, London 2022 (i. E.).

차례

일러두기

1. 하버마스의 원주는 가능한 그대로 살렸으며 옮긴이의 주는 별색으로 처리하였다.
2. 하버마스가 참조한 저서 중 국내 번역본이 확인되는 경우 같이 명시하고 별색으로 처리하였다.

1장

정치적 공론장의
새로운 구조변동에 대한 숙고와 가정

60년 전에 출간된 책으로서, 마르틴 젤리거와 세바스티안 세비나니가 현재 [진행되고 있는] 토론[1]의 출발점으로 삼은 『공론장의 구조변동   』의 지은이로서 나는 두 가지를 언급하고자한다. 이 책은 내 첫 번째 저서였지만 판매 측면에서 보면 아직까지가장 성공적인 책으로 남아 있다. 다른 언급은 내가 이례적인 영향사의 이유라고 추측하는 것과 관련이 있다. 이 책은 "공론장"의 사회사적, 개념사적 서술을 내용으로 하는데, 많은 비판을 받기도 했지만 동시에 보다 광범위한 역사적 연구를 위한 자극을 주기도 하

---

1   M. Seeliger, S. Sevignani (Hg.), *Ein erneuter Strukturwandel der Öffentlichkeit?* (=*Leviathan. Sonderband 37*), Baden-Baden 2021.

였다. 여기서 이 역사적 측면은 우리의 주제가 아니다. 그러나 이로써 공론장이라는 정치적 개념이 사회과학에 있어 보다 넓은 사회구조적 맥락 속에 삽입되었다. 그때까지 이 용어는 주로 "여론"이라는 개념 영역에 있었으며, 이는 라자스펠드Paul Lazarsfeld 이후 인구학적으로 파악되어 불특정하게 사용되었다. 반면 기능적으로 분화된 근대 사회라는 몸체에서 사회학적으로 파악된 공론장은 이제 시민사회와 정치 체계 사이에 자리하게 되었다. 이로써 공론장은 사회 통합에 대한 그것의 기능적 기여와, 특히 국가시민Staatsbürger[2]의 정치적 통합과 관련하여서도 연구될 수 있었다.[3] 공론장이 헌법국가에서의 민주적 의사 형성에 대한 기능적 기여를 넘어서는 사회적 현상이라는 점[4]을 의식하고 있었음에도 불구하고, 나는 이 주제를

2   하버마스에 따르면, 자본주의적 민주 법치국가에서 시민은 양면적 특성과 역할을 한 인격에 통합해 가지고 있다. 시민은 한편으로, 정치적 참여를 통해 그의 공적 자율성을 실현한다는 점에서 '국가시민'이다. 다른 한편으로, 시민은 사적 자유권의 행사를 통해 저마다 사적 자율성을 추구한다는 점에서 '사회시민'이다. 시민의 이러한 양면적 특성은 서로가 서로를 조건 지우고 있다. 즉 하나가 없으면 다른 하나도 존립할 수 없다. 이런 점에서 그는 양자가 '동근원적(gleichursprünglich)'이라고 주장한다. 옮긴이는 이러한 둘 사이의 분리 불가능한 관계와 상호 대비적 의미를 살리기 위해 비록 낯선 용어지만 Staatsbürger를 '국가시민'으로, Gesellschaftsbürger를 '사회시민'으로 번역하였다.

3   B. Peters, *Die Integration moderner Gesellschaften*, Frankfurt/M. 1993, ders., "On Public Deliberation and Public Culture: Reflections on the Public Sphere", in: H. Wessler (Hg.), *Public Deliberation and Public Culture. The Writings of Bernard Peters*, London 2008, 134-159 참조. 이런 관점에서 H. Wessler, *Habermas and the Media*, Cambridge 2018 또한 참조.

4   정치적 공론장과 문예적 공론장에 대해서는 J. Habermas, "Warum nicht lesen?", in: F. Wagner, K. Raabe (Hg.), *Warum Lesen*, Berlin 2020, 99-123 참조.

후에 정치 이론의 시각에서도 다루었다.[5] 나는 이 텍스트에서도 공론장이 민주적 공동체의 존립을 보호하기 위해 수행하는 기능으로부터 출발한다.

나는 우선 규범적 이론과 경험적 이론의 관계를 논하고(1), 이어서 민주적 과정이 개인화되고 다원화된 사회의 조건하에서 제도화되는 즉시 왜 그리고 어떤 방식으로 그것을 토의정치에 비추어 파악해야 하는가를 논한다(2). 그리고 마지막으로 위기에 취약한 자본주의적 민주주의의 실현 불가능한 안정조건을 지적한다(3). 1962년의 『공론장의 구조변동』이 사회사적 예비 작업을 제공한 이 이론적인 틀 내에서, 나는 디지털적으로 변화한 미디어 구조와 그것이 정치적 과정에 미치는 영향을 개략적으로 서술한다. 디지털화된 의사소통의 기술적 진보는 처음에는 경계를 허무는 경향을 촉

---

5   『사실성과 타당성』에서 시민사회와 정치적 공론장의 역할에 관한 장(章)은 『공론장의 구조변동』의 마지막 장에서의 숙고와, 특히 이 책의 1990년 신판의 서론에서의 숙고와 결부되어 있다. J. Habermas, *Faktizität und Geltung. Beiträge zur Diskurstheorie des Rechts und des demokratischen Rechtsstaats*, Frankfurt/M. 1992, 399-467(『사실성과 타당성. 담론적 법이론과 민주주의적 법치국가 이론』, 한상진·박영도 옮김, 나남, 2000, 399-463쪽), ders., *Strukturwandel der Öffentlichkeit. Untersuchungen zu einer Kategorie der bürgerlichen Gesellschaft* [1962], Frankfurt/M. 1990(『공론장의 구조변동. 부르주아 사회의 한 범주에 관한 연구』, 한승완 옮김, 나남, 2001). 마지막으로 이에 관해서는 J. Habermas, "Hat die Demokratie noch eine epistemische Funktion? Empirische Forschung und normative Theorie", in: ders., *Ach Europa*, Frankfurt/M. 2008, 177-191(『아, 유럽』, 윤형식 옮김, 나남, 2011, 167-222쪽) 참조. 이 글은 다음 책에 다시 게재되었다. ders., *Philosophische Texte. Studienausgabe in fünf Bänden*, Frankfurt/M. 2009, Bd.4, *Politische Theorie*, 87-139(=2009[a]).

진하지만 공론장의 파편화 경향 또한 촉진한다. 뉴미디어의 플랫폼적 특성은 편집적 공론장과 함께 독자·청취자·시청자가 즉흥적으로 저자의 역할을 수행할 수 있는 의사소통 공간을 만든다(4). 뉴미디어의 범위는 확장된 미디어 서비스Medienangebote의 이용에 대한 종단 조사 결과에서 읽어 볼 수 있다. 지난 20년 동안 인터넷 이용이 급격히 확산되면서, 텔레비전과 라디오가 그 점유율을 어느 정도 유지한 반면, 종이 신문과 잡지의 소비는 급격히 감소했다(5). 뉴미디어의 부상은 한동안 거의 규제받지 않았던 네트워크 통신이 상업적으로 활용되는 배경에서 일어났다. 한편으로, 이로써 이와 관련된 일을 담당하는 직업집단인 전통 신문사와 언론인의 경제적 기반을 박탈할 위협이 발생한다. 다른 한편으로, 소셜 미디어의 배타적 이용자들 사이에서는 반┼공적, 파편적, 자기 순환적 의사소통의 방식이 관철되어 정치적 공론장 자체에 대한 인식을 변형시키는 것처럼 보인다. 이러한 추정이 맞는다면, 점점 더 많은 국가시민에게서 토의적 의견 및 의사 형성의 다소간 토의적 양식을 위한 중요한 주관적 전제가 위험에 처하게 된다(6).

1.

우리는 일반적으로 민주적 헌법국가에서의 정치적 공론장의 역할
을 다루는 연구에서 경험적 연구와 규범적 이론을 구분한다. 존 롤
스John Rawls는 후자에 대해 "이상적 이론"이라고 말한다. 나는 이
말이 지나치게 단순화된 대안이라 생각한다. 내 시각에서 보면 민
주주의 이론은 18세기 후반의 헌법혁명 이래 규범의 이성적 내용과
함께 실정적 타당성을 획득하였으며, 이로써 역사적 현실의 일부가
된 실천을 합리적으로 재구성해야 한다. 또한 민주적 의견 형성 과
정에 대한 경험적 연구가 민주적 헌법국가에서 충족되어야 하는 규
범적 요건에 비추어 해석되지 않으면 그 요점을 잃는다는 사실은

흥미로운 사태에 주목을 끌게 한다. 물론 여기에는 간략한 역사적 보론이 필요하다. 왜냐하면 기본권에 실정적 타당성을 부여했던 혁명적 행위를 통해 비로소 새로운 규범적 경향이 국가시민의 의식과 사회적 현실 자체에 들어왔기 때문이다.

기본권에 기초한 헌법 질서의 규범성, 즉 "충족되지 못한 상태"이기 때문에 현상 유지를 넘어서려는 특유하게 가파른 [형태를 띤] 이 규범성이라는 역사적 사실에서 새로운 점은, 통상적인 사회적 규범성의 배경에 비추어 볼 때 더 잘 이해할 수 있다. 행위나 의사소통적 흐름, 인공물이든, 가치 또는 규범이나 습관 또는 제도이든, 그리고 계약 또는 조직이든, 사회적 현상이라면 그것은 규칙 준수적 특성을 갖는다. 이것은 비정상적인 행동의 가능성에서 나타난다. 규칙은 준수되거나 위반될 수 있는 것이다. 그런데 규칙에는 논리적·수학적·문법적 규칙, 게임 규칙, 도구적 행위 규칙 및 사회적 행위 규칙 등 다양한 종류의 규칙이 있으며, 행위 규칙은 다시 전략적 상호 작용과 규범적으로 규제되는 상호 작용에 따라 구분할 수 있다. 마지막으로, 언급된 이 규범들은 바로 당위의 고유한 타당성 양식을 특징으로 한다.[6] 일탈 행동에 대한 제재 방식에서 알 수 있듯이 이러한 규범적 행동 기대는 다소 엄격한 요구를 할 수 있으

---

6   그러나 사회학 이론은 통상적으로 이러한 타당성 차원의 인지적 의미를 무시하고 당위 타당성의 구속력을 제재의 위협으로 환원시키는 기본 개념적 접근 방식을 선택한다.

며, 그중에서도 도덕이 가장 엄격한 요구를 제기한다. 축의 시대 세계관과 함께 등장한 보편주의 도덕은 기본적으로 모든 사람을 동등하게 대우할 것을 요구한다는 특징이 있다. 유럽 계몽주의 과정에서 이러한 도덕 인지적 잠재력이 각각의 종교적이거나 세계관적 배경에서 분리되어 세분화된 결과, 오늘날에도 여전히 결정적인 칸트의 주문主文에 따르면, 모든 개인은 양도할 수 없는 개성에서 동등하게 존중받을 자격이 있으며 동등한 대우를 받아야만 한다. 이러한 이해에 따르면, 각 개인의 행동은 가능한 한 관련 당사자 모두의 논의적으로diskursiv[7] 검토된 관점에서 볼 때 모든 사람에게 동등하게 좋은 바로 그 일반 규범에 따라 각 개인적 상황을 고려하여 판단되어야 한다.

　　　　우리의 맥락에서 이러한 발전의 다음과 같은 특정한 사회학적 결과는 흥미롭다. 그것은 이성도덕의 전례 없는 급진성을 상기해야만 한다는 것이다. 이를 통해 이 평등주의-개인주의적 보편주의의 당위성의 낙하고도를 측정하고, 이어서 이성도덕으로부터 이 도덕에서 영감을 받은 이성법으로 관점을 변경함으로써, 첫 두

7　　옮긴이는 Diskurs를 황태연, 윤형식 등을 따라 '논의(論議)'로 번역하였다. 일반적으로 사용되는 '담론', '담화' 등이 일상어에 뿌리를 두지 않은 조어일 뿐만 아니라 하버마스가 생각하는 Diskurs의 의미를 살리지 못한다고 판단하기 때문이다. 푸코의 discourse 분석과 달리 하버마스에게 중요한 것은 그것의 대화 논증적 상황이다. 이런 이유로 푸코의 우리말 용어가 '담론'으로 어느 정도 정착된 상황에서 하버마스의 Diskurs를 '논의'로 번역하는 것이 적절하다고 봤다. 이에 대해서는 하버마스, 『아, 유럽』, 윤형식 옮김, 나남, 2011, 168쪽. 옮긴이 주 참조.

차례의 헌법혁명 이후 이 가파른 도덕 인지적 잠재력이 국가적으로 승인된 기본권과 실정법 일반의 핵심을 형성한다는 것이 역사적으로 무엇을 의미했던가를 파악할 수 있다. 기본권과 인권의 "선언"을 통해 이성도덕의 실체는 주관적 권리로 구성된, 강제적 헌법이라는 매체로 이동했다! 민주적 헌정 질서 수립이라는 역사적으로 전례가 없는 행위를 통해 18세기 말 당시까지 알려지지 않았던 규범적 낙차의 긴장이 법적으로 자유롭고 평등한 시민들의 정치의식에 둥지를 틀게 되었다. 새로운 규범적 자기 이해에 대한 이러한 장려獎勵는 라인하르트 코젤레크Reinhart Koselleck가 연구한, 적극적으로 미래를 향하는 새로운 역사의식과 손을 맞잡고 진행된다. 이는 전체적으로 동시에 기술 진보가 초래한, 가속화된 사회적 생활 조건의 변화라는 자본주의적 역학에 내재된 복합적 의식 변화다. 물론 그동안 이러한 역학은 서구 사회에서 다소 방어적인 의식을 불러일으켰고, 이는 기술 및 경제적으로 가속화된 사회적 복잡성의 증가에 의해 오히려 압도당하는 느낌을 받고 있다. 그러나 피억압자, 소외자, 권리를 박탈당한 자, 고통받는 자, 피착취자, 불이익을 당하는 계급, 사회계층, 하위문화, 성, 종족, 민족, 대륙의 불완전한 포용에 대한 의식을 반복적으로 환기시키며 오늘날까지 계속되고 있는 사회운동은, 그사이 더 이상 국가 단위로만 "선언"되지 않게 된 인권 타당성의 실정성과 아직 충족되지 못한 인권의 내용 사이의 간극을 상기시키고 있다.[8] 그러므로 다음이 내 보론의 요점이라 할 수 있는데, 그것은 시민이 참여자의 관점에서 충분히 활용되진 않았지만 이미 실정법적으로 유효한 기본권의 지속적인 실현 과정에 스스로 참여하고 있다고 보는 것이 민주적 공동체의 존립을 위한 전제 조건 중 하나라는 것이다.

이러한 기본권 실현의 장기적인 과정과는 별개로, 나는 민주적으로 구성된 공동체에서 자유롭고 평등한 시민의 지위와 결부되어 자명한 것으로 여겨지는 이상화의 정상적인 경우에 관해 관심을 갖고 있다. 왜냐하면 시민은 그들이 실천하는 시민권이 일반적으로 그것이 약속한 것을 실현한다는 직관적인 (그리고 반反사실적인) 가정 외에 다른 방식으로는 시민적 실천에 참여할 수 없기 때문이다. 특히 정치 체계의 안정과 관련하여 민주적 헌법의 규범적 핵심은 시민의식, 즉 시민 자신의 암묵적 확신에 기반을 두어야 한

---

8   1791년 9월 프랑스 헌법의 본문은 자연권(*droits naturels*)과 시민권(*droits civils*)을 구분하는 목록으로 시작한다. 이로써 그것은 한편으로, 당대 일반적 시민권의 타당성 영역과, 다른 한편으로, 프랑스국의 영토적 경계를 넘어서 모든 사람이 그 인간 존재임에 따라 동등하게 누릴 수 있는 "자연적" 권리의 아직 실현되지 않은 타당성 영역 사이에 엄존하는 시간적 불일치를 고려하고 있다. 그러나 역설적이게도 기본권으로 실정법된 인권과 시민권은 국경 내에서도 보편적 권리의 의미를 유지하며, 이런 방식으로 현세대와 미래 세대에게 이러한 권리를 적극적으로 전파해야 할 자기 의무는 아니더라도 적어도 **일시적으로** 영토적으로 제한된 발효라는 잠정적 성격을 규범적으로 **뛰어넘는** 보편적 인권의 내용이 갖는 고유한 성격을 상기시켜 준다. 도덕적 잉여는 또한 현재 효력을 발휘하는 기본권에서 아직 이행되지 않은 규범적 내용의 흔적을 남긴다. 이 흔적들은 **충족되지 않은** 규범의 다소 불안정한 특성을 드러낸다. '충족'의 결여는, 수립된 기본권의 무한정 뛰어넘는 내용의 **소진**이 정치 공동체에서 아직 실현되지 않고 있으며 사실적 측면에서 더 구체화되어야 한다는 의미에서, **시간적** 차원과, 아직 실현되지 않고 있는 인권의 **전 세계적** 구현이라는 **공간적** 차원에 관한 것이다.

다. 철학자가 아니라 시민 대다수가 직관적으로 헌법의 원칙을 확신해야 한다. 다른 한편으로, 시민은 또한 민주적 선거에서 투표가 동등하게 계산되고, 입법과 사법, 정부 및 행정 행위가 전체적으로 공정하게 처리되며, 원칙적으로 모호한 결정이 내려질 경우 수정할 수 있는 공정한 가능성이 있다는 것을 신뢰할 수 있어야 한다. 이러한 기대가 간혹 실제 실천을 넘어서는 이상화일지라도 [이는] 시민의 판단과 행동에 반영되어 사회적 사실을 창출한다. 이러한 실천에서 문제가 되는 것은 그것이 참여자에게 요구하는 이상적 가정이 아니라 이러한 이상화를 명백하고 영구적으로 부정하는 것이 허용되지 않는 제도의 신뢰성이다. 정치 엘리트들이 수십 년 동안 헌법에 의해 보장된 상당수 시민들의 정당한 기대를 실망시키지 않았다면, 트럼프의 치명적인 요청은 2021년 1월 6일에 국회의사당을 습격한 시민들의 분노 속에서 [그가] 원한 메아리를 찾지 못했을 것이다. 따라서 이런 종류의 헌법국가에 맞춰진 정치 이론은 다음 두 가지에 부합하도록 설계되어야 한다. 하나는 시민들이 민주적으로 정당화된 지배의 행사에 참여하고 있다는 의식을 갖게 하는 도덕적으로 충실한 기본권 질서의 독특한 이상적 잉여der idealisierenden Überschuss이다. 다른 하나는 시민들이 자신의 실천과 결부시켜 불가피하게 할 수밖에 없는 이상화이지만 그것이 신뢰성을 갖도록 하는 사회적·제도적 조건이다.

　　따라서 민주주의 이론은 독자적으로 정의로운 정치 질서

의 원칙을 입안하는 과제, 즉 이 원칙을 구성하고 정당화하여 시민들에게 교육적인 방식으로 제시해야 한다는 과제를 수행할 필요가 없다. 다른 말로 하자면 민주주의 이론은 규범적으로 기획된 이론으로 이해될 필요가 없다. 그것의 과제는 오히려 현재 유효한 법과 그에 상응하는 시민의 직관적 기대와 정당성 관념으로부터 그러한 원칙을 합리적으로 재구성하는 데 있다. 그것은 역사적으로 현존하고 보존되어 있어 충분히 안정된 헌법 질서의 원칙적 의미 내용을 명확히 하고, 사실적으로 행사되고 있는 지배에 대해 시민들의 의식 속에서 실제로 정당화하는 힘을 부여하며, 이로써 그들의 참여 또한 보장할 수 있는 정당화의 이유를 설명해야 한다.[9] 정치 이론이 정치 생활에 참여하는 시민 대중의 암묵적 의식을 설명하는 한에서 그들의 규범적 자기 이해를 형성할 수 있다는 사실은, 과학의 현대사가 그것이 서술하는 역사적 사건의 지속에 수행적 영향을 미치고 있다는 그것의 역할보다 더 이례적인 것이 아니다. 그렇다고 해서 그것이 본질적으로 정치 교육학이 되는 것은 아니다. 따라서 나에게 토의정치는 보잘것없는 현실을 측정해야 할 터무니없는 이상이 아니라 다원주의적 사회들에서 민주주의라는 이름에 걸맞은 모든 민주주의가 존재하기 위한 전제 조건이다.[10] 한 사회의 사회적

---

9   D. Gaus, "Rationale Rekonstruktion als Methode politischer Theorie zwischen Gesellschaftskritik und empirischer Politikwissenschaft", in: *Politische Vierteljahresschrift*, 54:2, 2013, 231-255 참조.

상황, 문화적 생활 형식, 개인의 라이프스타일이 이질적일수록 기존 배경에 대한 합의의 결여는 더욱 여론과 의사 형성의 공동성에 의해 메워져야 하기 때문이다.

고전 이론은 그 기원이 18세기 후반의 헌법혁명 이전으로 거슬러 올라가기 때문에 민주주의 헌법 수립을 위한 규범적 기획으로 이해될 수 있었다. 그러나 오늘날 도를 넘는 민주적 헌법 이념으로 인해 강제적 헌법 규범의 실정적 타당성과 헌법상의 현실 사이의 긴장이 현대 사회의 현실 자체에 침투하고, 이 불협화음이 극적으로 드러나는 경우, 오늘날까지도 여전히 대중을 동원한 항의의 동력이 유발될 수 있다는 사실을 단순히 인지할 수 있는 정치 이론은 자신의 재구성적 과제를 의식해야만 한다. 그러나 공화주의와 자유주의 이론 전통은 모두 국민주권이나 법의 지배 중 하나를 일방적으로 우선시하고 개별적으로 행사되는 주관적 자유와 상호 주관적으로 행사되는 국민주권이 근원적으로 동등하다는 요점을 놓침으로써 바로 이 이념 자체를 왜곡하고 있다. 이 두 헌법혁명의 이념은 자유로운 법적 동료들의 자결적 연합의 설립이기 때문에, 이들은 민주적 공동 입법자로서 일반법에 따른 주관적 권리의 평등한 분배를 통해 궁극적으로 자신의 자유를 스스로 보증해야 한다. 모두가 평등한 권리를 갖는다는 평등주의적 보편주의와 각 개인의 개

---

10   Habermas (2018) 참조.

인주의를 결합한 집단적 자기 결정이라는 생각에 따르면, 민주주의 Demokratie와 **법치주의**Rechtsstaatlichkeit는 동등한 위치에 있다. 그리고 이러한 생각은 토의정치라는 이념을 중심으로 한 논의 이론에 의해서만 충족될 수 있다.[11]

---

11   Habermas (2009a) 참조. J. Habermas, "Über den internen Zusammenhang von Rechtsstaat und Demokratie", in: ders. (2009), Bd.4, 140-153(2009[b]) 또한 참조.

2.

1848년 3월 혁명 이전 시기Vormärz의 자유주의 초기 사상 세계로 거슬러 올라가지만 이후 복지국가에서 발전한 토의정치의 접근 방식이 권장되는 이유는, 그것이 무엇보다 공통의 종교나 세계관이 없는 다원주의적 사회에서 어떻게 직관적인 헌법적 합의를 배경으로 정치적 타협이 이루어질 수 있는가를 설명한다는 데 있다. 국가권력이 세속화되면서 정당성의 공백이 발생했다. 근대 사회에서는 지배 왕조의 신성한 소명에 대한 신앙의 정당화하는 힘만으로는 더이상 충분하지 않았기 때문에, 민주주의 체제는 말하자면 자기 자신으로부터, 그러니까 법적으로 제도화된 민주적 의사 형성 절차의 정당성 산출력을 통해서 스스로를 정당화해야 했다. 정당성에 대한 종교적 사상은 다른 사상으로 대체된 것이 아니라, 자유롭고 평등한 시민이 행사할 수 있도록 동등하게 분배된 주관적 권리의 형태로 제도화된 민주적 자기 전권 부여自己全權附與, Selbstermächtigung 절차에 의해 대체되었다. 언뜻 보기에 민주적 의사 형성 절차의 법적 확립, 즉 순전히 "합법성"으로부터 출발했음에도 불구하고 일반적으로 설득력 있는 결과의 "정당성"이 나와야 한다는 것은 매우 신비로운 생각이다. 이에 대한 설명의 본질적인 부분은 참여자의 시각에서 이 절차가 획득하는 의미를 분석함으로써 제공된다. 그러니까 그것은 두 가지 조건의 있을 법하지 않은 조합에 설득력을 빚지고 있다. 한편으로, 이 절차는 가능한 결정에 의해 영향을 받는 모든 관련 당사자를 정치적 의지 형성에 대한 동등한 참여자로 포함시킬 것을 요구한다. 그리고 다른 한편으로, 민주적으로, 즉 모든 개인이 공동으로 내린 결정은 사전 협의의 다소 논의적인 성격에 의존한다. 이로써 포용적 의사 형성은 선행하는 의견 형성 과정 동안 동원된 이유의 힘에 의존한다. 포용은 정치적 의사 형성에 영향을 받는 모든 당사자의 평등한 참여에 대한 민주적 요구에 해당하는 반면, 토의 필터는 문제에 대한 인지적으로 올바르고 지속 가능한 해결책에 대한 기대를 고려하고, [이것이] 합리적으로 수용 가능한 결과라는 추정의 이유를 제시한다. 이러한 추정은 다수결을 준비하는 협의에서 가능한 한 모든 관련 주제, 모든 필요한 정보 및 찬반 주장을 포함한 적절한 해결책이 논의된다는 반증 가능한 가정에 의해 다시금 정당화될 수 있다. 그리고 정치적 공론장의 중심적인 역할을 설명하는 것은 바로 이러한 자유로운 토의의 요건이다.[12] 덧붙여 말하면, 이 추상적인 고찰은 처음에는 영국에서, 그다음에는 미국, 프랑스 및 다른 유럽 국가에서 자유민주주의와 동시에 "부르주아 공론장" 같은 것이 형성됐다는 사실에서 역사적으로 확증된다.

그러나 민주적 절차의 저 두 가지 요건인 토의와 모든 시민의 포용은 대략적으로 국가 기관의 수준에서, 그리고 무엇보다 의회 입법의 대의 기관 수준에서 실현될 수 있다. 이는 공론장에서의 정치적 의사소통이 민주적 과정 전체에 기여할 수 있는 본질적이지만 제한적인 기여를 설명한다. 그것은 정치적 의견 및 의지 형성이 근본적으로 포용적으로, 즉 투표권을 가진 모든 성인 시민을 포함하여 공동으로 진행될 수 있는 유일한 장소이기 때문에 본질적인 기여를 한다. 그리고 이는 다시금 시민들이 공동으로, 그러나 개인으로서, 그리고 기표소라는 고립 속에서, 즉 "자발적으로" 내려야 할 결정의 동기를 부여할 수 있다. 이러한 선거 결정은 의회의 정당정치적 구성을 결정하고, 직접적 방식으로든 간접적 방식으로

---

12   「공론장과 민주주의의 관계에 관해. 새로운 구조변동?(Zum Verhältnis von Öffentlichkeit und Demokratie. Ein neuer Strukturwandel?)」에서 M. 젤리거와 S. 세비냐니는 공적 관심사의 투명성, 시민의 일반적 지향, 주제와 기여의 상호 정당화라는 관점에서 이러한 역할을 상론하고 있다. Seeliger, Sevignani (2021), 9-42, 여기서는 11쪽.

든 정부의 구성도 결정한다는 점에서 모든 시민에게 구속력 있는 결과를 가져온다. 다른 한편으로, 정치적 공론장이 의견 및 의사의 민주적 형성에 기여하는 바는 제한적인데, 원칙적으로 여기에서는 어떠한 집단적으로 구속력 있는 개별 결정도 이루어지지 않기 때문이다. (드문 경우에만 헌장憲章 결정의 명확한 구조가 그러한 국민투표를 허용한다.) 대중매체에 의해 제어되는 의견 형성은 분산된 국가시민 공중에서 복수의 여론을 창출한다. 주제·기사·정보를 묶어 윤곽이 마련된 이러한 의견들은 각각 관련 주제, 올바른 정치적 목표, 최상의 문제 해결 전략을 선택하고 중요도 판정을 받기 위해 경쟁한다. 우리의 맥락에서 다음과 같은 상황이 특히 중요하다. 국가시민, 즉 주권자의 의지가 정치 체계 전체의 결정에 미치는 영향력은 대중매체가 이러한 의견 형성을 위해 제공하는 기사의 진상규명 품질aufklärenden Qualität에 따라 본질적으로 달라진다. 왜냐하면 의견 형성은, 정당·이익단체·사회적 기능 체계의 홍보 기관의 정보 채널을 통해서나 시민사회의 행위자와 지식인에 의해서 공론장으로 투입되는 자극, 간단히 말해, 주제와 기사·대안 제안·정보·찬반 입장 표명에 대한 저널리즘의 선행 처리에 의존하기 때문이다. 이렇게 어느 정도 미디어 체계에 의해 걸러진, 정보에 입각한 의견 다원주의를 통해 모든 시민은 각기 사신의 의견을 형성하고 자신의 관점에서 가능한 한 합리적으로 동기 부여된 투표를 결정할 기회를 얻는다. 그러나 공론장 자체에서 의견들과 결정들의 경쟁 결과는 아직 열려 있다. 공론장 자체에서는 다만 의회에서의 표결이 준비되기 때문에 여기서의 토의는 각 개인이 개별적으로 내린 결정과 여전히 분리되어 있다. 의회의 선출된 의원들만이 민주적 절차에 따라 서로 협의하고 결정을 내릴 수 있다. 대표적으로 구성된 대의 기구와 다른 국가 기관, 특히 법원에서 공식적으로 절차적으로 규정된 의견 및 의사 형성의 토의 형식만이 어느 정도 합리적으로 수용 가능한 다수결을 추정할 수 있게 해 준다.

　　　　정치적 공론장의 제한적 기여를 정확하게 평가하기 위해서는 헌법의 조직적 부분과 분업에 기초한 정치 체계 구조를 전체적으로 살펴보고 흐름도처럼 읽을 필요가 있다. 그러면 시민의 의견 및 의사 형성의 민주적 흐름이 어떻게 투표 결정의 문턱 너머에서 갈라져 있고, 어떻게 —기능 체계의 로비 활동에 의해 포위된— 정당정치, 입법, 사법, 행정, 정부의 수로를 통해 반입되는지 알 수 있다. 이 흐름은 법의 틀 내에서 기능적 필요성, 사회적 이해관계, 유권자의 선호 사이의 타협에서 도출되는 결정으로 흘러간다. 그런 다음 정당한 정치적 결과는 다시금 정치적 공론장에서 평가, 비판되며, 임기 종료 후 새로운 유권자의 선호로 처리된다. 정치 논의도 합의라는 목표를 지향한다는 가정은 종종 오해를 받는다. 그것은 결코 민주적 과정을 평화로운 세미나 행사로 보는 이상주의적인 생각을 의미하지 않는다. 반대로 우리는 합리적인 참가자들이 이성적으로 획득한 자기 신념의 진리 또는 올바름을 지향하는 것이 정치적 논쟁을 더욱 가열하고 근본적으로 이 논쟁에 경합적^{agonal} 성격을 부여한다고 가정할 수 있다. 논증하는 사람은 반대 의견을 말하는 사람이다. 논의에서 상반되는 의견의 인식론적 잠재력이 펼쳐지는 것은 다만 상호 '아니오'라고 말할 수 있는 권리, 심지어 격려를 통해서만 가능하다. 왜냐하면 논의는 서로에 대한 비판 없이는 서로에게서 배울 수 없는 참가자들의 자기 교정을 위해 설계되었기 때문이다. 여기에 토의정치의 핵심이 있다. 즉 그것은 우리가 정치적 논쟁 속에서 우리의 신념을 개선하고 문제에 대한 올바른 해결책을 찾는 데 접근할 수 있다는 것이다. 공론장에서 펼쳐진 반대 의견의 불협화음에는 오직 한 가지가 전제되는데, 그것은 다른 모든 분쟁을 정당화하는, 공동 헌법의 원칙에 대한 합의이다. 이러한 합의를 배경으로 전체 민주적 과정은 합리적으로 수용 가능한 결정을 향한 시민들의 진리 지향적 탐구에 의해 끊임없이 새롭게 촉발되는 불일치의 홍수로 구성된다.

유권자의 의견 및 의사 형성의 토의적 성격은 정치적 공론장에서 어차피 도달할 수 없는 합의의 목표가 아니라 기사의 논의적 품질의 결과로 측정된다. 오히려 여기에서 참여자의 진리 지향은 그 결과가 열려 있는 의견 논쟁을 부추겨야 하며, 이로부터 경쟁하는 여론들이 나오게 된다. 공론장에서 지속되는 불일치의 이러한 역동성이 정당의 경쟁과 정부와 야당 사이의 대립, 전문가들의 이견을 특징짓고 있다. 이런 방식으로 동원된 논증의 예산은 이제 정치 체계의 해당 위치에서 절차법적으로 구속력 있는 결정에 대한 정보를 제공할 수 있다. 공적 토론과 선거운동, 정당 사이의 분쟁, 의회와 의회 위원회의 협상, 정부와 법원의 협의에서 '아니오'라고 말함으로써 분출된 무정부적 힘을 제도화하기 위해서는, 오직 헌법의 기본 취지에 합의함으로써 이루어지는, 모든 참여자의 사전事前 정치적 통합만이 필요하다. 단지 이것으로 충분하다. 그것은 단지 스스로 부여한 법에만 복종하겠다는 시민의 단적인 의지만을 담고 있다. 토의적으로 수행된 민주적 자기 입법의 의미에 대한 이러한 합의가 없다면 각각의 소수파는 한시적으로 다수파의 결정에 복종할 이유가 없을 것이다. 그러나 우리는 민주주의의 운명을 궁극적으로 결정하는 가장 중요한 것을 잊지 말아야 한다. 이러한 규범적인 관점에서 볼 때, 제도화된 의사 결정 전체는 유권자의 헌법적 합의가 때때로 경험을 통해 실제로 확인되는 방식으로 기능해야 한다. 정부 행위의 결과에 유권자의 결정 입력과 인식 가능한 연관성이 있어야만 시민들은 거기에서 자신의 민주적 의견 및 의사 형성의 합리화하는 힘을 확인할 수 있다.[13] 시민들은 자신들의 의견 논쟁을 더 중대하고 나은 이유에 대한 논쟁으로 인식할 수 있어야만

---

[13]   규범적으로 볼 때, 시민들을 기분 좋게 해 주는 소위 정부 행위의 결과 정당성은 민주적으로 정당한 행위의 조건을 충족시키지 못한다. 왜냐하면 그러한 국가 서비스는 시민의 이익과 일치하겠지만, 시민 자신의 민주적으로 형성된 의사의 집행에서 시민을 만족시키지는 못하기 때문이다.

한다.[14]

그러나 상황은 가장 오래된 영미식 민주주의에서도 그렇지 않다. 국회의사당 습격이 트럼프 유권자들 사이에서 불러일으킨 동감의 반향은, 아마도 수십 년 동안 자신들의 소외된 이해관계에 대한 정치적으로 중대하고 눈에 띄는 인식을 할 수 없었던 유권자들의 표현으로 이해해야만 한다. 지난 세기 말부터 서구의 거의 모든 민주주의 국가가 그 소용돌이 속에 휩쓸린 정치적 퇴행은 공적 논쟁의 합리화하는 힘이 쇠퇴한 정도, 그리고 일부 국가에서는 거의 고갈된 정도를 가지고 측정된다. 민주주의의 문제 해결력이 토의정치의 흐름에 의존한다는 것은 정치적 공론장의 중심적인 역할을 조명하고 있다.

그러나 지배의 민주적 정당화에 필수 불가결한 토의정치의 전제 조건은 적절한 맥락이 없다면 "모든 권력이 출발하는" 주민 사이에 확고히 발을 디딜 수 없다. 정부의 행위, 대법원의 결정적 판결, 의회의 입법, 정당의 경쟁, 자유로운 정치 투표는 활발한 시민사회와 만나야 한다. 왜냐하면 정치적 공론장은 수리가 필요한 중요한 기능 체계의 장애에 대한 공명판으로서 정치와 그것의 사회적 "환경" 사이의 의사소통적 연결을 구축하는 시민사회에 뿌리를

---

14   크리스티나 라퐁(Cristina Lafont)에 대한 나의 비평은 J. Habermas, "Commentary on Cristina Lafont, *Democracy Without Shortcuts*", in: *Journal of Deliberative Democracy*, 16:2, 2020, 10-14 참조.

두고 있기 때문이다. 그러나 시민사회는 공론장에서 중요한 주제에 대한 시민의 관심을 조직하는 행위자를 배출해야만 정치에 대한 일종의 조기 경보 시스템의 역할을 담당할 수 있다. 물론 서구 현대 민주주의의 대규모 영토 사회에서 기능적으로 요구되는 국가시민 Staatsbürger으로서의 참여의 정도는 처음부터 그가 동시에 사회시민 Gesellschaftsbürger으로서 그의 역할에서 이행하길 원하고 이행해야만 하는 사적·개인적 의무 및 이해관계 상황과 긴장 관계에 놓여 있다. 시민의 공적 역할과 사적 역할 사이의 이러한 구조적 갈등은 공론장 자체에서도 반영된다. 유럽에서 문예적·정치적 형태의 부르주아 공론장은, 국가와 사회, 공적 경제 영역과 사적 경제 영역의 기능적 분리를 위한 사회구조적 전제 조건이 충족된 후에야, 비로소 낡은 구성체의 그늘 —무엇보다 교회 체제의 종교적 공론장 및 황제·군주·영주 개인으로 체화된 지배의 과시적 공론장— 에서 서서히 벗어날 수 있었다. 따라서 참여자의 관점에서 볼 때 정치적으로 활발한 시민의 시민사회는 본성상 사적 영역과 공적 영역 사이의 긴장 영역에 놓여 있다. 우리는 앞으로 공적 의사소통의 디지털화가 사적 생활 영역과 공적 생활 영역 사이의 이러한 경계에 대한 인식을 —이러한 법체계적으로도 중요한 구별을 위한 사회구조적 전제 조건이 변하지 않았음에도 불구하고— 모호하게 만든다는 점을 보게 될 것이다. 오늘날 소셜 미디어 이용자가 움직이고 있는 반#사적, 반#공적 의사소통 공간의 시각에서 볼 때 이전까지 사적 영역과 눈에 띄게 분리되어 있던 공론장의 포용적 특성은 사라져 가고 있다. 나는 여기에 매체 이용자의 주관적 측면에서 불안한 현상의 요체가 있으며, 이는 동시에 뉴미디어에 대한 정치적 규제가 미흡하다는 점을 주목하게 만든다는 것을 지적하고자 한다.

3.

미디어 구조의 특수한 변화를 논하고 그것이 공론장의 정치적 기능에 미치는 영향에 대한 가설을 세우기 전에, 토의정치를 위해 충분히 충족되어야 하는 경제적·사회적·문화적 경계 조건에 대한 언급을 추가하고자 한다. 왜냐하면 자본주의적 민주주의가 위기에 취약한 원인의 복잡성을 배경으로 해서만, 토의적 의견 및 의사 형성에 장애를 불러온 여러 가능한 원인 중 공적 의사소통의 디지털화에서 기인할 수 있는 제한적인 부분에 대해 올바른 균형감을 가질 수 있기 때문이다.

첫째, 활발한 시민계급은 태도와 문화적 자명성이라는 취약한 조직으로 구성된 대체적으로 자유주의적인 정치문화를 필요로 한다. 왜냐하면 대체로 암묵적으로 남아 있는 민주주의 헌법 원칙에 대한 주민의 기본적인 이해가 역사적 기억과 전승된 신념, 관행 및 가치 지향의 광범위한 네트워크에 내장되어 있기 때문이다. 이것들은 정치적 사회화의 익숙한 패턴과 공식적으로 제도화된 정치 교육 패턴을 통해서만 세대에서 세대로 보존된다. 예를 들어 나치 독재가 종식된 후 (구)독일연방공화국 주민의 정치적 재사회화에 필요했던 ―그 이전 150년간의 법치주의 발전에도 불구하고― 반세기의 기간은 일반적으로 자유주의 정치문화에 적응하기 위해 극복해야 하는 어려움을 나타내는 지표다. 이러한 문화의 도덕적 핵심은 시민들이 다른 사람들을 동료 시민이자 동등한 민주적 공동 입법자로 상호 인정하려는 태도이다.[15] 이는 더 이상 정치적 상대를 적으로 마주하지 않고 타협적 태도에서 하나의 상대방으로 인식하는 것으로부터 시작하여, 상이한 민족적·언어적·종교적 생활 형식의 경계를 넘어 서로에게 이방인으로 남기를 원하는 이방인들을 공통의 정치문화에 상호 포용하는 것으로 이어진다. 이 정치문화는 모든 시민이 다원주의적 사회에서 자신을 재인식할 수 있을 정도로 각각의 다수 문화와 차별화되어야 한다. 이렇게 매우 이질적으로

---

15   R. Forst, *Toleranz im Konflikt. Geschichte, Gehalt und Gegenwart eines umstrittenen Begriffs*, Frankfurt/M. 2003 참조.

구성된 사회의 사회적 유대는 일반적으로 정치적 통합이 결코 무조건적인 이타주의가 아니라 제한된 상호 협조심을 요구하는 국가시민적 연대를 보장할 때만 찢어지지 않는다. 이러한 종류의 상호 편들어 주기Füreinander-Einstehen는 이해관계에 따라 타협하려는 태도를 넘어서는 것이지만, 같은 정치 공동체의 동지들 사이에서 사안에 따라서는 장기적으로 필요할 수 있는 상호 이해관계의 조정에 대한 시간적으로 막연한 기대, 즉 다른 사람이 비슷한 상황에서 비슷한 도움을 제공할 의무를 느낄 것이라는 기대와 결부되어 있을 뿐이다.[16] 자유주의 정치문화는 자유지상주의적 태도의 근본 원인이 아니다. 그것은 비록 최소 수준으로in kleiner Münze 지불되지만 공익에 대한 지향을 요구한다. 다수의 결정이 그때마다 패배한 소수에 의해 수용될 수 있기 위해서는 모든 시민이 단기적인 자기 이해관계만을 배타적으로 고려하여 투표를 결정해서는 안 된다. 충분한, 더 나아가 대표적인 비율의 시민이 민주적 공동 입법자의 역할을 공익 지향적으로도 또한 수행하겠다는 의지를 가져야 한다.

활발한 시민사회에 필요한 두 번째 조건은 민주적 의견 및 의사 형성 과정에 유권자의 자발적이고 충분한 참여(이는 의무가 되어서는 안 된다)를 허용하는 사회적 평등의 정도이다. 한편으로

---

16   연대의 정치적 개념에 대해서는 J. Habermas, *Im Sog der Technokratie*, Berlin 2013, 100-105 참조.

는 주관적 사적 권리(와 복지국가적 요구권)로 사회시민의 자유를 보장하고, 다른 한편으로는 주관적 공적 권리인 소통과 참여로 국가시민의 정치적 자율성을 보장하는 헌법국가의 기본 질서의 건축학은, 시민의 사적 자율성과 공적 자율성이 각각의 고유한 가치와 별도로 각기 서로에게 보완적인 역할을 한다는 기능적 의미에서 비로소 완전히 이해될 수 있다. 한편으로, 정치적 권리는 무엇보다 사적 권리와 요구권의 분배를 결정하고 이로써 사회시민의 지위 획득 여지를 결정하는 민주적 입법에 국가시민이 참여할 수 있는 권한을 부여한다. 다른 한편으로, 이러한 사회적 지위는 다시금 국가시민이 그때마다 실제로 시민권을 사용하기 위한 사회적 전제 조건과 동기를 창출한다. 사회적 지위와 선거 참여 사이의 밀접한 연관성은 여러 차례 입증되었다. 그러나 민주적 참여와 지위 보장이 서로를 가능하게 할 것이라는 이러한 기대는 구조적으로 고착화된 상당한 [수준의] 사회적 불평등이 민주적 선거를 통해 시정되는 경우에만 유효하다. 경험적 연구는 생활 여건이 눈에 띄게 개선되지 않는다고 체념함으로써 지위가 낮은 계층의 투표 기권이 고착될 때 마찬가지로 정착되는 악순환을 입증하고 있다. 이 경우, 한때 이러한 소외 계층의 이익을 "책임졌던" 정당은 이제 표를 기대할 수 없는 고객을 소홀히 하는 경향이 있으며, 이러한 경향은 다시금 투표 기권 동기를 강화한다.[17] 그동안 우리는 포퓰리즘 운동이 이러한 비투표자의 잠재력을 동원하는 데 성공하면서 이러한 악순환이 역전되는 것이 아니라 오히려 아이러니하게 전도되는 것을 관찰할 수 있었다.[18] 이때 이러한 급진화된 비선거 집단은 더 이상 민주적 투표라는 전제하에서 선거에 참여하는 것이 아니라 "체제 반대"라는 방해 의도를 가지고 선거에 참여한다.[19] 비록 이러한 "도태된 자들die Abgehängten"의 포퓰리즘이 점증하는 사회적 불평등만으로 설명될 수 없다고 하더라도, ―가속화된 기술 및 사회 변화에 적응하지 못한 다른 계층도 "도태됐다"고 느끼기 때문에― 어쨌든 그것은 심각한 사회적 부적응과 성공적인 대응 정책의 부재를 드러내고 있다.

마지막으로 이것은 사회적 불평등을 강화하는 경향이 있는 민주주의 국가와 자본주의 경제 사이의 불안한 관계에 주목하게 한다. 이런 상반되는 기능적 명령들 사이에 복지국가적으로 (이 추상화 수준에서) 균형을 맞추는 것이 그 이름에 걸맞은 민주주의 체

17   A. Schäfer, *Der Verlust politischer Gleichheit*, Frankfurt/M. 2015 참조.

18   A. Schäfer, M. Zürn, *Die demokratische Regression*, Berlin 2021.

19   현대 우익 포퓰리즘 현상은 어느 정도 안정된 민주주의 국가에서 한편으로, 토의 정치라는 이념과, 다른 한편으로, 의견 및 의사 형성이라는 냉정한 사실 사이의 가파른 **규범적 격차**가 어떻게 **시민의 직관을 통해** 사회 현실 자체에 고정되는지를 분명하게 보여 준다. 투표 행동, 주민의 정보 수준 및 정치의식, 정당의 전문 선거 광고, 홍보, 선거운동 전략 등에 대한 경험적 연구는 오랫동안 우리에게 정치적 의견 및 의사 형성에 대한 현실적인 그림을 제공해 왔다. 그러나 이러한 사실 자체나 그에 대한 지식이 결과에 동의하든 아니든 "유권자의 의사"가 충분히 존중되고 미래 정책의 진로를 결정한다는 적극적 유권자와 수동적 유권자의 가정을 일반적으로 흔들지는 않는다. 그러나 "체제 정당"이라는 말이 보여 주듯이, 그러한 **유장한** 규범적 가정조차도 광범위한 주민 사이에서 지속적으로 흔들리게 되면 정반대의 가정으로 전환될 수 있다. 그러면 "우리"는 무엇이 진실이고 무엇이 거짓인지 아는 국민이며, 논쟁은 더 이상 "타자들"과 연결되는 다리가 되지 못한다.

제를 위한 세 번째 성공 조건이다. 정치경제학으로부터 출발할 때 비로소 정치 체계와 사회 사이의 체계적인 연관성이 드러난다. 나는 당시에 이러한 관점에서 과거 공론장의 구조적 변동을 추적했다.[20] 그러나 자유주의 정치문화는 국가가 행정적 수단 자체로 그것의 발전에 영향을 미칠 수 있는 것이라기보다는 어느 정도 충족된 국가의 한계 조건에 가깝다. 사회의 사회적 계층화와 기존의 사회적 불평등의 정도의 경우에는 상황이 다르다. 하여튼 자동적인 자본주의적 근대화는 사회적 부적응의 원심력을 억제하기 위해 국가 규제의 필요성을 낳는다. 20세기 후반 서구에서 국민국가의 민주적 헌법의 틀 내에서 발전한 복지국가는 점점 더 요구 수준이 높아져 가는 정당성의 조건하에서 이러한 정치적 대응을 수행해야 했다. 클라우스 오페Claus Offe가 보여 주듯이, 복지국가는 사회 통합의 위기를 피하기 위해 두 가지 상반된 요구를 충족시키려 노력한다. 복지국가는 한편으로, 세수를 창출하기 위해 충분한 자본 증식 조건을 보장해야 한다. 다른 한편으로, 정치적·사회적 정의의 관점하에서 그것은 사적 및 공적 자율성을 행사하기 위한 법적·물질적 조건에 대한 광범위한 계층의 이해관계를 충족시켜야 한다. 그렇지 못할 경우에는 민주적 정당성이 박탈당할 것이다. 그렇지만 자본주

---

20   P. Staab, T. Thiel, "Privatisierung ohne Privatismus. Strukturwandel der Öffentlichkeit und soziale Medien", in: Seeliger, Sevignani (2021), 277-297, 여기서는 275쪽 이하 참조.

의적 민주주의 국가는 그것의 통제 능력이 충분할 때 이 두 가지 명령 사이에서 위기 회피의 길만을 찾을 수 있을 뿐이다. 다른 말로 하면 개입 정책의 범위는 국가적 복지의 보장과 관련된 경제 순환의 확장과 일치해야 한다. 분명히 이 조건은 서구의 민주주의 국가에서 일시적으로, 즉 전 세계적으로 시장의 규제가 완화되고 이후 국가의 금융정책을 통제하는 금융 시장이 세계화될 때까지만 충분히 충족되었다.

이렇게 거칠게 윤곽을 그린 체계적 관점을 국가적 단위의 공론장에 대한 역사적 설명의 기초로 삼는다면, 다양한 역사적 시기에 존재한, 이러한 공론장의 기능에 관한 기본 조건에 대한 안정된 일반화에 도달하는 것이 얼마나 어려운 일인지 깨닫게 될 것이다. [여기에] 신자유주의로의 전환에 이르기까지 서구의 전후 민주적 발전을 결정한 국민국가 단위로 조직된 자본주의의 일반적인 경향과 국가별 특성이 겹쳐진다.

이 시기에는 복지국가의 발전으로 민주주의에 대한 국민의 동의가 강화되었던 반면, 소비사회가 전개되는 과정에서 이미 탈정치화를 향한 사사화私事化 경향이 나타나고 있었다. (나는 과거 『공론장의 구조변동』에서 권위주의로 인식되던 아데나워 시대의 분위기 속에서 이 경향의 시작을 아마도 과도하게 지적했다.) 그렇지만 신자유주의 정책으로의 전환 이후 서구 민주주의 국가들은 내부 불안정화가 심화되는 국면에 접어들었다. 이는 그사이 기후위기의 도전과 증가한 이주 압력, 중국 및 기타 "신흥 경제국"의 부상, 그리고 그에 따라 변화된 세계 경제 및 정치 상황으로 인해 강화되고 있다. 국내적으로는 전 세계적으로 규제가 완화된 시장으로 인해 국민국가의 행동반경이 제한되면서 사회적 불평등이 증가했다. 동시에 관련된 하위문화에서는 사회적 몰락과 가속화된 사회 변화의 해결되지 않는 복잡성에 대한 두려움이 동시에 커지고 있다.

　　팬데믹으로 인한 새로운 세계적 정치 상황과는 별개로, 이러한 사정은 유럽연합(EU)으로 통합된 국민국가에 더 강력한 통합의 전망, 즉 초국가적 차원에서 새로운 정치적 행위 능력을 창출함으로써 통합 과정에서 국가 차원에서 상실한 역량을 회복하려는 시도를 권고하고 있다.[21] 그러나 국제적 힘의 비대칭성을 해체하기보다는 강화한 글로벌 거버넌스에 대한 제도적 접근 방식의 객관적인 서술은 거의 희망을 불러일으키지 않는다.[22] 특히 현재의 문제에 직면한 유럽연합의 동요는 어떻게 국민국가가 초국가적 차원에서 단결하여 국가의 성격 자체를 취하지 않고도 세계적 행위 능력을 갖춘 민주주의 체제를 형성할 수 있는지에 대해 의문을 제기한다. 그러한 민주주의 체제는 국민국가적 공론장이 서로에 대해 더 강력히 개방적일 것을 전제로 할 것이다. 그러나 유럽연합 내부의 분열

21　　J. Habermas, *Zur Verfassung Europas*, Berlin 2011 참조.
22　　M. Zürn, "Öffentlichkeit und Global Governance", in: Seeliger, Sevignani (2021), 160-187 참조.

과, 지체되긴 했지만 결국 단행된 브렉시트는 기존 민주주의 체제의 쇠퇴와, 심지어 강대국의 세계 정치가 새로운 종류의 제국주의로 발전할 수 있다는 사실을 웅변하고 있다. 행위 능력을 가지고 있는 이런 나라들의 정치 엘리트들이 팬데믹이 엄습한 세계 사회의 국민국가적 경제와 세계적 경제의 후속 문제를 어떻게 인식하고 처리할지 우리는 당분간 알 수 없다. 따라서 현재로서는 핵심 유럽[서유럽]의 더 강력한 통합을 향한 과정과 함께 사회생태적 의제로의 바람직한 정책 변화에 대해 말해 주는 바는 많지 않다.

4.

토의정치의 기준을 충족시키는, 경쟁하는 여론들을 만들어 내는 정
치적 공론장의 역할에 있어 미디어 체계는 결정적인 의미를 갖는다.
왜냐하면 이러한 의견의 토의 품질은 의견 형성 과정에서 정보 투
입input 측면이나 처리throughput 및 결과물output 측면 모두에서 특정
한 기능적 요구 사항을 충족하는지 여부에 따라 달라지기 때문이다.
　　　　정치권의 의견 생산자, 사회 기능 체계의 이익 대표자와
홍보 기관, 그리고 마지막으로 시민사회의 다양한 행위지가 규제가
필요한 문제를 발견하고 그에 대한 올바른 정보를 투입input할 수
있을 정도로 충분히 반응하는 경우에만, 여론은 적절성을 갖는다

relevant. 그리고 의견 생산자의 해당 주제와 기사를 공공이 의식하게 되고, 결과 측면에서 투표권을 가진 주민의 광범위한 관심을 불러일으키는 경우에만 여론은 효과적이다effektiv. 우리는 무엇보다 정보 처리를 담당하는 미디어 체계에 관심이 있다. 시민사회의 행위자들에게는 일상생활과 공공 행사에서의 대면 만남이 자신의 이니셔티브가 발산되는 두 가지 공론장의 근거리 영역이지만, 대중매체가 유도하는 공적 의사소통만이 의사소통적 소음이 적절하고 효과적인 여론으로 응축될 수 있는 유일한 영역이다. 우리의 주제는 디지털화가 이러한 매스커뮤니케이션을 통제하는 미디어 체계를 어떻게 변화시켰는가에 대한 물음이다. 기술적·조직적으로 고도로 복잡한 미디어 체계는 시민들이 여론을 응집시키는 의사소통의 흐름에 대해 (지금은 그렇게 불리는) 문지기gatekeeper 역할을 하는 전문화된 인력이 필요하다. 이들은 뉴스 서비스·대중매체·출판사에서 일하는 저널리스트, 즉 미디어 및 문학 업체에서 저자·편집인·편집자·관리자 기능을 수행하는 전문 인력으로 구성된다. 이 인력은 정보 처리를 주도하며 생산 기술 및 유통 조직을 조직하는 회사와 함께 공론장의 인프라를 형성하고, 이 인프라가 결국 공적 의사소통의 두 가지 결정적인 매개 변수, 즉 서비스의 도달 거리와 토의품질을 결정한다. 발표된 의견이 실제로 얼마나 포용적으로 수용되는지, 결과물의 측면에서 독자와 청취자에 의해 얼마나 집중적으로 시간을 들여 수용되고, 앞서 언급한 두 가지 공론장의 근거리 영역에서 효과적인 여론으로 가공되어, 최종적으로 투표 결과라는 경화 硬貨로 정치 체계에 지불되는지는, 궁극적으로 매체 이용자, 그러니까 매체 이용자의 관심과 이해관계·시간 배분·교육 배경 등에 달려 있다.

　　　　디지털 매체가 정치적 공론장의 새로운 구조변동에 미친 영향은 새로운 세기가 시작된 이래로 [변화한] 매체 이용의 범위와 유형에서 볼 수 있다. 이 변화가 공적 토론의 토의적 품질에도 영향을 미치는 것인가는 열린 문제이다. 관련 커뮤니케이션 과학·정치학·선거 사회학 연구, 특히 투표율과 대중적 무지 public ignorance에 관한 연구가 보여 주듯이, 공적 의사소통의 이 두 가지 차원에 해당하는 수치는 이전에도 전혀 만족스럽지 못했다. 그러나 당시 그것은 안정을 위협하는 위기 현상을 넘지 않는 수준의 민주주의 상태에 해당하는 수치였다. 오늘날 정치적 퇴행의 징후는 육안으로 볼 수 있다. 정치적 공론장의 상태 또한 여기에 기여하는지 여부와 그 정도는 여론 형성의 포용성과 공론장에서 윤곽이 잡힌 의견의 합리성을 통해 보여 줘야 한다. 분명히 이 두 번째 변수에 대한 경험적 기록은 큰 어려움에 부딪힌다. 매체 이용에 대한 데이터는 존재하는 반면, 위원회·의회·법원과 같은 개별 단체에서 절차적으로 규제된 의견 형성에 대한 "토의 품질"과 같은 이론적 변수도 이미 조작 방법을 명확하게 하기 어렵지만,[23] 대규모 면적을 갖는 국가 수준의 공론장에서 규제되지 않은 의사소통의 과정에 대한 경우에는 더 더욱 어렵[기 때문이]다. 그러나 매체 이용의 장기적인 비교를 위한 데이터는 이용된 미디어 서비스^{Medienangeot}의 품질에 대한 독립적인 평가로부터 여론의 반성 수준을 도출할 수 있는 근거 또한 제공한다. 물론 이 문제를 더 자세히 살펴보기 전에 우리는 뉴미디어의 혁명적 성격에 대해 명확히 할 필요가 있다. 왜냐하면 그것은 단순히 기존 미디어 서비스의 확장이 아니라, 인류 역사상 인쇄술의 도입에 견줄 만한 미디어 발전의 전환점이기 때문이다.

구어를 문자로 기록하기 위한 최초의 진화적 도약 이후, 근대 초기에 기계식 인쇄기가 도입되면서 알파벳 문자는 필사본 양피지로부터 분리되었다. [그리고] 이진 코드 기호는 전자·디지털화를 통해 지난 수십 년 동안 비슷한 방식으로 글자가 인쇄된 종이로부터 분리되었다. 이 광범위하고 효과가 큰 혁신의 과정에서 우리 수다스러운 생물종의 의사소통 흐름은 전례 없는 속도로 전 지구적으로, 그리고 회고적으로 보면 세계사의 모든 시대에 걸쳐 확산되어 가속화되고 네트워크화되었다. 이처럼 공간과 시간의 경계가 전 지구적으로 해체되면서 의사소통의 흐름은 동시에 응축되고, 기능과 콘텐츠에 따라 분화, 복제되었으며, 문화·계층별 경계를 넘어 일반화되었다. 의사소통 기술의 세 번째 혁명을 일으킨 혁신적인 아

---

23   J. Steiner, A. Bächtiger, M. Spörndli, M.R. Steenbergen, *Deliberative Politics in Action*, Cambridge 2004.

이디어는 전 세계적인 컴퓨터 네트워킹으로, 이를 통해 어느 곳에 있는 사람이든 지구상의 다른 곳에 있는 모든 사람과 —처음에 이 새로운 기술을 이용한 사람은 과학자들이었다— 소통할 수 있게 되었다. 미 국립과학재단은 1991년, 이 발명을 사적 이용을 위해 개방하기로 결정했으며, 이는 곧 상업적 이용을 위해 개방한 것을 뜻하기도 한다. 이것이 2년 후 월드 와이드 웹World Wide Web의 구축을 향한 결정적인 발걸음이었다. 이로써 인류 역사의 과정에서 자리를 함께한 사람들 사이의 대화와 외치는 거리 내에서의 구두 소통이라는 언어적 의사소통의 본래적 한계를 단계적으로 극복해 왔던 의사소통 기술 발전의 논리적 완성을 위한 기술적 기초가 마련되었다. 이 혁신은 많은 생활 영역과 기능 영역에서 명백한 진보를 열어 줬다. 그러나 임의 거리에 있는 임의의 다수 참여자에게 동시에 가속화된 의사소통의 한계를 원심 분리적으로 해체하는 것은 민주적 공론장에 대해서는 양가적 폭발력을 발생시킨다. 왜냐하면 이 경계 해체는 행위 능력을 갖춘 국가 조직의 중심을 겨냥하고 있어 당분간 국민국가 영토로 제한되기 때문이다.[24] 의사소통 가능성의 경

---

24   가속화되고 복제되는 의사소통 흐름의 경계가 지구적으로 해체됨에 따라, 클라우디아 리치(Claudia Ritzi)는 "현대의 정치적 공론장을 기술하기 위한 은유로서" 중심과 주변의 이미지 대신 "'우주' 개념을 사용할" 것을 제안한다. "이 개념은 현대 공적 공간의 무제한성에 대한 의식을 열어 준다." C. Ritzi, "Libration im Öffentlichkeitsuniversum", in: Seeliger, Sevignani (2021), 298-319, 여기서는 305쪽.

계 해체와 가속화, 공적으로 이슈화되는 사건의 확대는 의심할 여지 없이 정치 시민에게도 유익하다. 홈 화면에서도 세계는 작아졌다. 스마트폰을 통해 수신된다고 해서 신문 기사와 라디오 및 텔레비전 프로그램의 콘텐츠가 변하지는 않는다. 넷플릭스와 같은 스트리밍 서비스용으로 영화가 제작되면 작품 미학적으로 흥미로운 변화가 일어날 수도 있을 것이다. 그러나 영화의 변화된 수용과 유감스러운 쇠퇴는 텔레비전의 경쟁에 의해 시작된 지 오래다. 다른 한편으로, 새로운 기술은 명백한 이점 외에도 국가의 틀 내에 있는 정치적 공론장에 대해 매우 양가적이며 아마도 파괴적인 영향을 미친다. 이는 뉴미디어 이용자가 무한한 연결 가능성의 제공, 즉 임의의 수신자와 할 수 있는 의사소통을 위해 "플랫폼"을 활용하는 방식 때문이다.

이 플랫폼적 특성이야말로 공론장의 미디어 구조에서 뉴미디어의 본래적으로 새로운 점이다. 한편으로, 뉴미디어는 기존 미디어가 수행하던 저널리즘의 중재와 프로그램 설계라는 생산적 역할을 제거한다. 이런 점에서 뉴미디어는 이제까지의 의미의 "미디어"가 아니다. 그것은 지금까지 공론장에서 주도적이었던 의사소통의 모형을 근본적으로 변화시키고 있다. 왜냐하면 그것은 원칙적으로 모든 잠재적 이용자가 독립적이고 동등한 저자가 될 수 있는 권한을 부여하기 때문이다. "뉴"미디어는, 디지털 기업이 이 기술을 활용하여 잠재적 이용자에게 자신만의 의사소통 콘텐츠를 위한 텅 빈 보드판과 같은 무한한 디지털 네트워킹 가능성을 제공한다는 점에서, 기존 미디어와 다르다. 이들 기업은 신문·라디오·텔레비전과 같은 고전적인 뉴스 서비스나 출판사와 같이 자체 "프로그램", 즉 전문적으로 제작되고 편집적으로 여과된 의사소통 콘텐츠에 대해 책임을 지지 않는다. 그들은 제작하지도, 편집하지도, 선별하지도 않는다. 그러나 이들은 글로벌 네트워크에서 "무책임한" 중개자로서 새로운 연결을 구축하며, 놀라운 접촉의 우발적 복제와 가속화를 통해 예측할 수 없는 콘텐츠에 대한 논의를 시작하고 강화함으로써 공적 의사소통의 성격을 근본적으로 변화시킨다.

방송 프로그램은 발신자와 많은 잠재적 수신자 사이에 선형적이고 단방향적인 연결을 만들어 낸다. 양쪽은 서로 다른 역할, 즉 공적으로 식별 가능하거나 알려져 있으며 자신의 발표물에 책임을 지는 제작자·편집자·저자로서, 그리고 다른 한편으로, 익명의 독자·청취자·시청자 공중으로서 서로 만난다. 이에 반해 플랫폼은 잠재적으로 가능한 한 많은 이용자 사이에 콘텐츠를 즉흥적으로 교환할 수 있도록 다양한 측면에서 네트워킹에 개방된 의사소통의 연결을 만들어 낸다. 이 이용자들은 매체 때문에 이미 서로의 역할에 차이가 있는 것이 아니다. 오히려 이들은 즉흥적으로 선택한 주제에 대한 의사소통 교환에서 원칙적으로 동등하고 자기 책임이 있는 참여자로서 서로를 만난다. 이러한 매체 이용자 사이의 탈중앙화된 연결은 프로그램 발신자와 수신자 사이의 비대칭적인 관계와 달리 근본적으로 상호적이지만, 전문적인 수문水門, Schleuse이 없기 때문에 콘텐츠 측면에서 규제되지 않는다. 참여자 사이 관계의 평등주의적이고 규제되지 않는 특성과 이용자들이 즉흥적으로 기사를 제공할 수 있는 동등한 권한은 뉴미디어를 원래 근원적으로 특징짓는 의사소통 모형을 형성한다. 이 위대한 해방의 약속은 오늘날 파편화되고 내부적으로 순환하는 공명 공간에서 황량한 소음에 의해 적어도 부분적으로 압도되고 있다.

　　　새로운 의사소통 모형으로부터 공론장의 구조변화에 주목할 만한 두 가지 효과가 발생했다. 처음에는 모든 시민을 평등하게 포용해야 한다는 부르주아 공론장의 평등주의적-보편주의적 요구가 마침내 뉴미디어의 형태로 성취된 것처럼 보였다. 이러한 미디어는 모든 시민에게 공적으로 인식될 수 있는 자신의 목소리를 제공하고 심지어 이 목소리에 동원력을 제공할 수도 있을 것이다. 뉴미디어를 통해 이용자는 제한된 수의 프로그램 중 하나를 선택하는 수용자 역할에서 벗어나 각 개인이 즉흥적인 의견의 무정부적 교환을 통해 자신의 목소리를 낼 기회를 갖게 될 수도 있을 것이다. 그러나 초창기 캘리포니아의 기업가 정신에서 여전히 감지할 수 있었던 반권위주의적이고 평등주의적인 잠재력의 용암은 곧 실리콘밸리에서 세계를 지배하는 디지털 대기업의 자유지상주의적 찡그린 얼굴로 굳어졌다. 그리고 뉴미디어가 제공하는 글로벌 조직의 잠재력은 루카셴코Lukaschenko에 대항해 끈질기게 항의하는 용감한

벨라루스 여성에게뿐만 아니라 우익 극단주의 네트워크에도 도움이 된다. 이렇게 매체 이용자의 자기 전권 부여가 하나의 효과라면, 다른 하나는 아직 뉴미디어의 사용법을 충분히 배우지 못한 상태에서 올드미디어의 편집적 후견에서 벗어남으로써 치르는 대가이다. 인쇄기가 모든 사람을 잠재적 독자로 만들었듯이, 오늘날 디지털화는 모든 사람을 잠재적 저자로 만든다. 하지만 모든 사람이 글을 읽는 법을 배우기까지 얼마나 걸렸을까?

플랫폼은 해방된 이용자에게 일반적으로 인정되는 인지 척도에 근거하여 콘텐츠를 전문적으로 선별하고 논의적으로 검토하는 것을 대체할 수 있는 어떤 것도 제공하지 않는다. 그래서 오늘날에는 대중매체의 침식하는 문지기 모델에 대한 이야기가 나오고 있다.[25] 이 문지기 모델은 결코 매체 이용자의 권리 박탈을 의미하지 않는다. 그것은 단지 모든 국가시민이 저마다 정치적 규제가 필요한 문제에 대해 스스로 판단을 내리는 데 필요한 지식과 정보를 습득할 수 있는 의사소통 형태를 기술할 뿐이다. 소비자로서의 역할과 동일하지 않은 저자로서의 역할에 대한 정치적으로 적절한 인식은 오히려 자신의 지식 수준의 결핍에 대한 의식을 강화한다. 저자로서의 역할 또한 배워야 한다. 소셜 미디어에서의 정치적 교환

---

25   S. Sevignani, "Ideologische Öffentlichkeit im digitalen Strukturwandel", in: Seeliger, Sevignani (2021), 43-67 참조.

에서 그것이 여전히 부족한 한, 불일치하는 의견과 비판에 대해 보호막을 친 논의의 품질은 당분간 어려움을 겪을 것이다. 이로부터 비로소 정치 공동체에서의 정치적 의견 및 의사 형성에 대한 파편화의 위험이 —동시에 경계가 해체된 공론장과 결부되어— 발생한다. 특정 주제나 인물을 중심으로 즉흥적으로 형성되는 무제한적 의사소통 네트워크는 원심적으로 확산되는 동시에 서로를 독단적으로 차단한 의사소통 회로로 응축될 수 있다. 그러면 경계 해체와 파편화의 경향은 서로를 강화하여, 신문·라디오·텔레비전에 의해 구축된, 국민국가를 중심으로 하는 공론장의 의사소통적 맥락의 통합적 힘을 방해하는 역학을 형성한다. 이 역학에 대해 자세히 설명하기 전에 전체 미디어 서비스에서 소셜 미디어가 차지하는 비중이 어떻게 발전해 왔는지 분명히 밝히고자 한다.

5.

인터넷과, 특히, 소셜 미디어의 도입이 정치적 공론장의 의견 및 의사 형성에 미친 영향은 경험적으로 파악하기가 쉽지 않다. 그러나 1964년부터 2020년까지 독일연방공화국에서의 미디어 이용에 대한 독일공영방송(ARD, ZDF)의 장기 연구 결과에 따르면, 미디어 서비스 및 이용의 변화에 대한 대략적인 진술이 가능하다.[26] 처음에

---

[26] 이하에서 나는 1964-2020년의 매스커뮤니케이션에 대한 독일공영방송(ARD, ZDF)의 장기 연구 결과를 알려 준 위르겐 게르하르트(Jürgen Gerhard)와의 서신과 그의 해석 제안에 기대고 있다. 또한 2019년 가을의 유로바로미터(Eurobarometer)는 추가적인 추론을 할 수 있는 데이터를 제공한다.

는 민영 텔레비전이 도입된 결과, 그 이후에는 무엇보다 다양한 온라인 옵션으로 인해 서비스가 크게 확장되었다. 이는 한 나라의 차원에만 적용되는 것이 아니다. 네트워크는 그때마다 수많은 "해외" 신문, 라디오, 텔레비전 프로그램에도 접속할 수 있게 해 준다. 전 세계의 이해관계자들은 시엔엔CNN을 통해 국회의사당 습격을 실시간으로 지켜볼 수 있었다. 이에 따라 일일 매체 소비에 소요되는 시간 배분이 정말 폭발적으로 증가했다. 모든 매체의 이용 시간은 2000년 이후 비약적으로 증가했지만 2005년에 정점을 찍는다. 그 이후로 그것은 하루 8시간이라는 놀라운 포화 수준으로 균형이 잡히고 있다. 그런데 수십 년 동안 다양한 매체의 점유율은 변화해 왔다. 1970년 이후 당시에는 뉴미디어였던 텔레비전의 이용이 일간 신문과 라디오라는 전통적인 매체의 이용을 추월했다. 그러나 2000년 이래의 분명히 눈에 띄는 온라인 경쟁 이후에도 텔레비전과 라디오는 여전히 가장 큰 도달 범위를 유지하고 있다. 또한 도서 소비도 1980년과 2015년 사이에 변동이 있었지만 비교적 안정적으로 유지되고 있다. 이에 반해 일간 신문의 도달 범위가 텔레비전 도입 이후 1964년 69%에서 2015년 33%로 지속적으로 감소했다는 점은 우리의 맥락에서 강조할 필요가 있다. 뉴미디어 도입 이후 인쇄 매체의 추락은 종이 신문과 잡지의 도달 범위가 2005년 60%에서 2020년 22%로 급격히 감소한 데서 드러나고 있다. 2005년에는 14-29세 연령대의 40%가 여전히 인쇄된 신문이나 잡지를 읽었던 반면, 2020년에는 같은 연령대의 6%만이 그렇게 하고 있기 때문에, 이러한 추세는 가속화된 속도로 계속될 것이다. 동시에 독서 강도가 감소했다. 1980년에는 독자가 전체적으로 아직 하루 평균 38분(잡지는 11분)을 일간 신문을 읽는 데 소비했지만, 2015년에는 23분(잡지는 11분)으로, 2020년에는 15분(신문과 잡지를 합친 시간)으로 이용 시간이 감소했다. 물론 신문 소비도 인터넷으로 이전되었다. 그러나 인쇄된 텍스트와 디지털화된 텍스트를 읽는 데 동일한 양의 집중적인 관심과 분석적 처리가 필요하지 않다는 사실을 제외하고서라도, 일간 신문의 서비스는 50개의 대체 온라인 정보 서비스(가령 팟캐스트 또는 뉴스 포털)로 완전히 보상될 수 없다. 이를 나타내는 지표가 전체 인구의 일일 디지털 텍스트 이용 시간인데, 그것은 총 18분이며, 이 중 신문과 잡지의 이용 시간은 6분이다.

유럽연합 28개국 주민을 대표하는 조사로, 2019년 말에 마지막으로 실시된 유로바로미터에서 현재 다양한 매체의 서비스 및 이용 규모를 확인할 수 있다. 이에 따르면, 응답자의 81%가 텔레비전, 67%가 인터넷 일반, 47%가 소셜 미디어, 46%가 라디오, 26%가 신문을 매일 이용하고 있는 반면, 2010년의 경우 일일 신문 독자의 비율은 아직 38%였다. 유로바로미터는 인터넷 일반의 일일 이용량과 별도로 소셜 미디어의 일일 이용량을 조사했는데, 이 비율은 2010년 전체 응답자의 18%에서 현재 48%로 놀라울 정도로 빠르게 증가했다. 흥미롭게도 "국정에 대한 정치적 정보"에 대한 수요에서는 텔레비전과 라디오가 주도적인 역할을 —라디오의 경우 낮은 수준에서— 유지하고 있다. 응답자 중 77%가 텔레비전, 40%가 라디오, 36%가 인쇄 매체를 "주요 정보원"으로 지목한 반면, 49%가 인터넷 일반, 20%가 소셜 미디어를 지목하고 있다. 우리의 맥락에서 이 마지막 값이 전년도 조사에 비해 이미 4포인트나 상승했다는 흥미로운 사실은 다른 곳에서도 입증된 증가 추세를 확인해 주고 있다. 여하튼 일간 신문과 잡지 소비의 급격한 감소는 인터넷 도입 이후 정치 뉴스와 정치 관련 문제에 관한 분석적 처리에 대한 평균적인 관심이 감소했음을 나타내는 지표이기도 하다. 그럼에도 불구하고 일반적으로 매체 소비에 있어서 텔레비전과 라디오의 점유율이 상대적으로 안정적인 수준이라는 사실로부터 당분간 이 두 매체가 유럽연합 회원국 유권자의 최소 4분의 3에게 신뢰할 수 있고 충분히 다양한 정치 정보를 제공할 것이라고 추론할 수 있다.

다른 추세는 그만큼 더 주목된다. 정치적 공론장에 대한 가짜뉴스의 침투 증가, 특히 트럼프 행정부 기간에 미국에서 경악스러운 정상이 되어 버린 "포스트-진실-민주주의post-thruth-democracy"를 향한 돌풍을 일으킨 사건의 전개는 유럽에서도 또한 언론에 대한 불신을 확실히 강화시켰다. 유로바로미터가 조사한 응답자의 41%는 국내 매체가 정치적·경제적 압력으로부터 자유로운 보도를 하는지 의심하고 있다. [그리고] 39%는 오늘날 자유주의 공론장의 중추를 형성하는 공영 매체에 대해 이러한 불신을 명시적으로 분명하게 확인하고 있다. 심지어 79%는 이미 언젠가 왜곡되거나 거짓된 뉴스를 접한 적이 있다고 주장한다.

이러한 데이터는 미디어 서비스 및 이용의 양적 변화에 대한 정보를 제공한다. 그러나 그것은 이를 바탕으로 형성되는 여론의 질과 의견 및 의사 형성 과정에 대한 시민의 참여 정도에 대해서는 간접적인 단서만 제공할 뿐이다. 따라서 나는 이 정보에 입각한 추측에 한정할 수밖에 없다. 한편으로, [현재] 지배적인 시청각 미디어에 비해 인쇄 매체의 중요성이 급격히 상실된 것은, 서비스에 대한 요구 수준의 감소, 따라서 정치 관련 뉴스와 문제에 대한 시민들의 수용 태세와 지적 처리 능력이 오히려 감소했다는 사실 또한 나타내는 것으로 보인다. 아울러 이는 정치적으로 주도적인 일간 및 주간 신문이 재미있는 일요 신문의 "다채로운" 형식에 적응한 것에서도 확인된다. 다른 한편으로, 매일의 증거가 참여 관찰자에게 가르쳐 주는 바는, 잔존한, 요구 수준이 높은 전국 신문과 잡지가 여전히 주요 정치 매체이며, 여전히 다른 매체, 무엇보다 텔레비전에 대해 콘텐츠상 권위 있는 주요 주제에 대한 반성적인 기사와 입장 표명을 정해 준다는 것이다. 그러나 공영 매체가 뉴스 및 정치 프로그램의 신뢰할 수 있는 서비스를 계속 제공하고 있음에도 불구하고, 광범위한 주민 사이에서는 프로그램의 진실성, 진지성, 완성도에 대한 불신이 증가하고 있다. 공영 매체의 품질에 대한 의

구심이 커지는 것은 아마도 정치 계급이 신뢰할 수 없거나 부패했거나 어쨌든 의심스럽다는 특성을 갖는다는 확신이 점점 더 만연해지는 것과 결부되어 있을 것이다. 이러한 일반적인 그림은 공급 측면에서 매체의 다양성과 수요 측면에서 의견·주장·관점의 다원성을 통해 장기적 관점에서 비판적이고 편견 없는 의견 형성을 위한 중요한 전제 조건이 충족되었음을 시사한다. 다른 한편으로, 이 그림은 다양한 목소리의 부조화가 증가하고 도전적인 주제와 입장 표명의 내용이 복잡해짐에 따라 매체 소비자 중 점점 더 많은 소수층이 디지털 플랫폼을 이용하여 같은 생각을 가진 사람들의 차폐된 반향실로 후퇴하고 있다는 점을 시사한다. 왜냐하면 디지털 플랫폼은 상호 주관적으로 확인된 자기 세계의 즉흥적인 창작을 유도할 뿐만 아니라, 이러한 의사소통의 섬들의 완고함에 경쟁하는 공론장들이라는 인식론적 지위를 부여하는 것처럼 보이기 때문이다. 그러나 미디어 서비스를 통해 변화된 수용자의 태도라는 주관적인 측면을 평가하기 전에 편집적 공론장의 주관적인 인식을 점점 더 왜곡하는 경제적 역학을 살펴볼 필요가 있다. 왜냐하면 소셜 미디어에 의해 촉진되는 수용 방식의 특이한 특성에 주목하느라 개략적으로 스케치한, 당분간은 정치적으로 통제되지 않는 매체 구조 변형의 경제적 기반을 간과해서는 안 되기 때문이다.

6.

플랫폼을 "모든 도달 범위에 걸친 의사소통적 콘텐츠의 네트워킹을 위한 미디어 서비스"라고 묘사하는 것은, 페이스북, 유튜브, 인스타그램, 트위터[현재의 x]의 형태로 존재하는 알고리즘 제어 플랫폼의 중립적 성능과는 전혀 다른 성능을 고려할 때, 순진하지 않다면 적어도 불완전하다. 실제로 존재하는 이러한 뉴미디어는 자본증식의 명령에 복종하고 주식 시장 가치로 측정할 때 세계에서 "가장 가치 있는" 기업에 속하기 때문이다. 이들은 광고 목적이나 기타 상품으로 판매하는 데이터의 활용을 통해 수익을 창출한다. 이 데이터는 이용자 중심의 서비스를 제공하는 과정에서 부산물로 발생하는 정보로 구성된다. 그것은 고객이 네트워크에 남긴 (이제는 공식적인 동의 대상인) 개인적 데이터이다. 신문사도 일반적으로 광고 수익으로 대부분의 자금을 조달하는 사기업이다. 그러나 기존 올드미디어가 그 자체로 광고매체인 반면, "감시 자본주의"에[27] 대한 비판을 불러일으킨 저 가치 창출은 다른 서비스에 부수적으로 "고착"되어 개별화된 광고 전략을 가능하게 하는 상업적으로 이용 가능한 정보를 먹고 산다.[28] 소셜 미디어는 알고리즘에 의해 제어되는 이러한 과정에서 또한 생활세계적 연관을 상품화하는 데 추가적인 추진력을 촉진한다.

그러나 나는 다른 측면, 즉 뉴미디어의 활용 논리가 올드미디어에 가하는 적응 압력에 관심이 있다. 후자는 자신의 "프로그램", 즉 콘텐츠로 성공할 때에만 광고매체로서 적합하지만, 이 콘텐츠는 본성상 완전히 다른 논리, 즉 그것의 형식과 내용이 인지적, 규범적 또는 미학적 기준을 충족해야 한다는 텍스트와 방송에 대한 수요를 따른다. 독자들이 이처럼 광범위한 인식론적 기준에 따라 저널리즘의 성과를 판단한다는 사실은, 생활세계 분석이라는 철학적 관점하에서 전망하기가 더욱 어려워진 "미디어 사회"에서 미디어가 수행하는 방향 제시 기능의 중요성을 깨닫는다면 즉시 명백해

27   S. Zuboff, *Das Zeitalter des Überwachungskapitalismus*, Frankfurt/M. 2018 참조.
28   C. Fuchs, "Soziale Medien und Öffentlichkeit", in: ders., *Das digitale Kapital. Zur Kritik der politischen Ökonomie des 21. Jahrhunderts*, Wien 2021, 235-272 참조.

진다. 올드미디어는 사회적 복잡성에 직면하여 경쟁하는 세계 해석들 사이에 있는 사회적 생활 상태와 문화적 생활 형식에 대한 관점이 다양한 가운데 상호 주관적으로 공유되는 해석의 핵심을 생성하고, 그것이 일반적으로 합리적으로 수용되도록 보장하는 매개 기관이다. 물론 정치·경제·문화, 3부로 콘텐츠를 고전적으로 분할하는 일간지나 주간지가 개별 진술의 진실성이나 정확성, 사실적 맥락에 대한 권위 있는 해석, 일반적인 평가의 신뢰성, 심지어 평가 기준이나 절차의 적절성에 있어서 결코 최종적인 권위를 갖지는 못한다. 그러나 미디어는 매일 새롭게 갱신되는 정보와 해석의 흐름을 통해 객관적이라고 가정되는 세계의 불명료한 일상 이미지(이 이미지는 거의 모든 동시대 사람이 "정상" 또는 유효한 것으로 받아들이고 있다고 가정된다)를 끊임없이 확인·수정·보완한다.

　　오트프리트 야렌Otfried Jarren과 레나테 피셔Renate Fischer는 "공론장의 플랫폼화"를 향한 압력이 경제적으로나 저널리즘의 영향력 감소와 전문적 표준의 적응과 관련하여 고전적인 미디어를 곤경에 빠뜨리는 이유를 설명한다.[29] 발행 부수와 광고 수익은 상관관계가 있기 때문에 인쇄된 신문과 잡지에 대한 수요 감소는 언론의 경제적 기반을 위태롭게 만든다. 그리고 디지털 형식의 상업적 판

29　　O. Jarren, R. Fischer, "Die Plattformisierung von Öffentlichkeit und der Relevanzverlust des Journalismus als demokratische Herausforderung ", in: Seeliger, Sevignani (2021), 365-384.

매의 경우 올드미디어는 인터넷에서 이용자에게 해당 정보를 무료로 제공하는 공급자와 경쟁하기 때문에 아직 실제로 성공적인 비즈니스 모델을 찾지 못했다. 그 결과는 편집 활동의 질과 범위에 영향을 미치는 비용 절감과 불안정한 노동 조건이다. 그러나 언론의 중요성과 해석력을 약화시키는 것은 광고 및 독자 시장에서의 손실만이 아니다. 인터넷에서의 경쟁에 적응하는 것은 저널리즘 작업 방식의 변화를 요구한다. "오디언스 턴audience turn", 즉 청중의 참여가 확대되고 독자의 반응에 대한 민감도가 높아지는 것이 꼭 불리할 필요는 없지만, 탈전문화 경향과 중립적이고 탈정치화된 서비스로서의 저널리즘 작업에 대한 이해 경향은 점점 더 강화되고 있다. 데이터 및 관심도 관리가 표적 연구와 정확한 해석을 대신하면서 "과거 정치적 논쟁의 장소였던 편집실은 콘텐츠를 조달하고 제작 및 배포를 제어하는 조정 센터로 변모한다."[30] 전문적 기준의 변화는 본질적으로 국가시민의 의견 및 의사 형성의 논의적 특성에 가장 큰 친화력을 가지고 있는 언론이 소비자의 관심을 끌기 위해 경쟁하는 플랫폼의 상업적 서비스에 적응하는 것을 반영한다. 관심 경제의 명령이 관철됨에 따라 타블로이드와 대중매체에서 오랫동안 알려져 온 경향, 즉 정치적 공론장에서 중요한 사실적 주제에 대한 오락화, 감정적 고발 및 개인화 경향도 물론 뉴미디어에서 점점 더

---

30   Ebd., 370.

강화되고 있다.

　　　　정치 프로그램이 오락물과 소비 물품에 동화됨으로 인해 시민을 소비자로서 대하게 되면서, 우리는 이미 1930년대 이후 미디어 연구에서 관찰되어 온 탈정치화 경향을 다루고 있지만, 이제는 이 경향이 소셜 미디어의 공급을 통해 분명하게 강화되고 있다. 이제 확장된 미디어 구조와 변화된 경제적 토대라는 객관적인 측면으로부터 수용자와 그의 변화된 수용 방식이라는 측면으로 시선을 돌릴 때, 우리는 비로소 소셜 미디어가 이용자들의 정치적 공론장에 대한 인식 방식을 변화시키고 있는가라는 핵심적인 질문을 다루게 된다. 물론 상업적 플랫폼의 기술적 장점, 심지어 간결한 메시지를 강요하는 트위터와 같은 매체의 기술적 장점은 이용자에게 정치적·직업적·사적인 목적을 위한 의심할 여지 없는 이점을 제공한다. [그러나] 이러한 발전은 우리의 주제가 아니다. 오히려 문제는 이러한 플랫폼이 암묵적 또는 명시적으로 정치적인 견해에 대한 일종의 교환도 장려함으로써 변화된 이용 방식을 통해 정치적 공론장 자체에 대한 인식에도 영향을 미칠 수 있는가의 여부이다. 필리프 스타브Philipp Staab와 토르스텐 티엘Thorsten Thiel은 뉴미디어 이용의 주관적인 측면과 관련하여 안드레아스 레크비츠Andreas Reckwitz의 "단독성들의 사회Gesellschaft der Singularitäten" 이론, 특히 활성화 플랫폼이 이용자에게 자기애적 자기표현과 "독특성의 연출Inszenierung von Einzigartigkeit"을 위해 제공하는 인센티브를 언급하고 있다.[31] "개별화Individualisierung"와 "단독화Singularisierung", 즉 한 개인이 생애사를 통해 습득한 고유성과, 가령 그가 네트워크상에 즉흥적으로 출현함으로써 획득할 수 있는 공적 가시성 및 차별성을 명확히 구분한다면, "단독화 약속"은 자기 자신의 프로그램과 명성을 위해 팔로워의 동의를 구하는 인플루언서에게 적합한 개념일 수 있겠다. 어쨌든 소셜 미디어가 정치적 공론장에서의 의견 및 의사 형성에 기여하는 것과 관련하여 내게는 수용의 또 다른 측면이 더 중요해 보인다. 자주 관찰된 바와 같이, 편집적 공론장이나 공식적 공론장으로부터는 물론이고 서로에게서도 분리된, 즉흥적이며 자기 주도적이고 파편화된 공론장에서는 해석과 입장 표명을 자기 참조적이고 상호적으로 확인하려는 유혹이 발생한다. 그런데 이러한 환경에서 이제까지 공론장과 정치적 공론장이라고 불렸던 것에 대한 참여자들의 경험과 인식이 바뀌고 이로써 지금까지 통상적이었던 사적 영역과 공적 영역 사이의 개념적 구분이 영향을 받게 되었다면, 이러한 상황은 네트워크 소비자의 국가시민으로서의 자기 이해에 상당한 결과를 가져올 수밖에 없다. 잠정적으로 이 가설을 검증할 만한 데이터는 없지만, 이러한 가설을 시사하는 징후는 우려할 만큼 충분하다.

31   Staab, Thiel (2021): A. Reckwitz, *Die Gesellschaft der Singularitäten. Zum Strukturwandel der Moderne*, Berlin 2017(『단독성들의 사회』 윤재왕 옮김. 새물결. 2023) 참조.

우리가 고찰하고 있는 기간 동안 경제·시민사회·가족 관계라는 사적 영역과 공론장을 법적·정치적으로 분화하는 사회적 기초에서의 구조적 변화는 일어나지 않았다. 왜냐하면 자본주의적 경제 형태 자체가 이러한 분리에 기초하고 있기 때문이다. 민주적 헌법국가에서 이 구조는 시민의 의식에도 또한 반영되어 있다. 그런데 문제는 그들의 인식이다. 국가시민에 대해 기대되는 것은 그들이 자기 이익과 공익 지향 사이의 긴장 영역에서 정치적 결정을 내릴 것이라는 점이다. 앞서 살펴본 바와 같이, 국가시민은 기본적으로, 모든 시민을 공중으로 포함하는 정치적 공론장의 의사소통 공간에서 이러한 긴장을 감당한다. 공론장의 의사소통 흐름은 그것이 편집의 수문을 통과한다는 점에서 모든 사적 또는 업무적 접촉과 차별화된다. [예컨대] 익명의 독자의 공론장을 대상으로 하는 인쇄물 작성의 경우, 오랜 시간 수기로 작성되었던 사적 서신과는 다른 기준이 적용된다.[32] 공론장에 본질적인 것은 논의에 대한 적극적 참여와 소극적 참여 사이의 격차가 아니라 공동의 관심사가 될 자격이 있는 주제와 공동 관심사와 상이한 관심사에 대한 상호 이해를 가능하게 하는 전문적으로 검토된 기사의 형식과 합리성이다. 사적 "공간"과 공적 "공간"의 구분이라는 공간적 은유

---

[32] 물론 낭만주의의 관련 사례가 보여 주듯 미적 기준에 부합하고 따라서 공적 관심을 충족시키는 문학적 편지는 일관된 예외이다.

가 과장되어서는 안 된다. 결정적인 것은 정치적 공론장에서 토론되는 공적 관심사와 사적 관심사 사이의 (그 자체로 정치적으로 논쟁적인) 문턱Schwelle에 대한 인식이다. 이러한 인식은 미디어 공론장의 시야가 좁아지는 것에 대해 맞서 싸우기 위해 대항 공론장Gegenöffentlichkeiten을 창출하려는 사회운동도 공유하고 있다. 공중의 시선을 끄는 것은 정치적 행위 능력이 있는 중심부에 대한 내용적 관련성과는 별개로 선별된 편집 기사의 형식과 적절성이다. 그리고 공론장 기사의 신뢰성, 품질 및 일반적 적절성은 모든 시민의 관심을 동일한 주제로 향하게 하여 정치적 결정에 있어 중요한 문제에 대해 매번 저마다 동일하게 승인된 기준에 따라 각자 자신의 판단을 하도록 자극해야 하는 공론장의 포용적 성격을 인식하는 데도 본질적이다.[33]

　　"미디어 사회"가 출현한 이래로도 삶의 사적 영역으로부터 공론장을 분리하는 사회적 기초에서는 본질적인 어떤 것도 변화하지 않았다. 그럼에도 불구하고 주민 일부가 소셜 미디어를 다소 배타적으로 이용하는 과정에서 "공적인" 것과 "사적인" 것 사이의 변별성이 퇴색되고, 이로써 공론장의 포용적 의미der inklusive Sinn가 퇴색되는 방식으로 공론장에 대한 인식이 변화될 수 있다. 커뮤

---

[33]　　나는 주어진 틀 내에서 보다 광범위하게 접근한 트렌츠(Trernz)의 반성을 논할 수 없어 유감이다. H.J. Trenz, "Öffentlichkeitstheorie als Erkenntnistheorie moderner Gesellschaft", in: Seeliger, Sevignani (2021), 385-405.

니케이션 연구에 관한 문헌에서 정치적 공론장과 정치 자체에 대한 전통적 인식에서 벗어나려는 경향은 점점 더 많이 관찰되고 있다.[34] 특정 하위문화에서는 공론장이 더 이상 포용적인 것으로 인식되지 않으며, 정치적 공론장은 더 이상 모든 시민을 아우르는 이해관계의 일반화를 위한 소통 공간으로 인식되지 않는다. 따라서 나는 하나의 가설을 설명하고 그 가설을 설득력 있게 만들려 시도하고자 한다.[35] 앞서 언급했듯이, 네트워크는 이용자가 새로운 방식으로 스스로 저자의 권한을 부여할 수 있는 가상 공간을 열어 준다. 소셜 미디어를 통해 [누구나] 자유롭게 접근할 수 있는 공적 공간이 만들어지는데, 이 공간은 모든 이용자를 즉흥적이고 어느 누구에 의해서도 검토받지 않는 개입에 초대하며, 그 밖에도 이미 벌써 정치인으로 하여금 국민투표적 공론장에 대해 개인화된 영향력을 직접 행사하도록 유혹한다. 좋아요와 싫어요 클릭으로 무장해제된 이 국민투표적 공론장의 인프라는 기술적·경제적 성격을 띠고 있다. 그러나 [이 공론장은] 편집적 공론장의 허가 조건으로부터 어느 정도 면제되어 있어, 그들의 관점에서 볼 때, "검열"에서 자유로워진 모든 이용자는 원칙적으로 자유롭게 접근할 수 있는 이러한 미디어

---

34 W.L. Bennett, B. Pfetsch "Rethinking Political Communication in a Time of Disrupted Public Spheres", in: *Journal of Communication*, 68:2, 2018, 243-253 참조.

35 이에 관한 생생한 서술은 A. Barthelmes, *Die große Zerstörung. Was der digitale Bruch mit unserem Leben macht*, Berlin 2020, 특히 제7장, 128-155쪽 참조.

공간에서 익명의 공중에게 호소하며 그들의 동의를 구할 수 있다. 이 공간은 고유하게 익명의 친밀성을 획득한 것처럼 보인다. 이전의 기준에 따르면, 이 공간은 공적인 것으로도 사적인 것으로도 파악될 수 없으며, 오히려 이전에는 사적인 서신 교류에 유보되었던 의사소통이 공론장으로 부풀려진 영역으로서 파악될 수 있다.

독자의 댓글과 팔로워의 "좋아요"를 통해 비로소 구조화되지 않은 공론장이 형성되기 때문에, 스스로 저자의 권한을 부여한 이용자는 메시지로 관심을 자극한다. 이를 통해 자립적인 공명 공간이 형성되는 한, 이러한 거품은 더 넓은 네트워킹을 위한 개방성이라는 다공성多孔性의 특성을 고전적인 형태의 공론장과 공유한다. 그러나 그것은 동시에 불일치하는 목소리는 거부하고 동조하는 목소리는 전문적으로 여과되지 않은 자칭 "지식"이라는 자기 자신의 정체성을 보존하는 제한된 지평 안에 동화적으로 포함시킴으로써 공론장의 근본적으로 포용적인 성격과는 구별되며, 사적인 것과도 대립된다. 각자의 판단을 상호 확인함으로써 강화된 관점에서 볼 때, 각각 자신의 지평을 넘어선 보편성에 대한 주장은 근본적으로 위선이라는 의심을 받는다. 이러한 반쪽짜리 공론장 Halböffentlichkeit의 제한된 관점에서 볼 때, 민주적 헌법국가의 정치적 공론장은 더 이상 진리의 타당성에 대해 경쟁하는 주장들을 가능한 논의적으로 해명하고 일반적인 이해관계를 고려할 수 있는 포용적인 공간으로 인식될 수 없다. 이 포용적인 것으로 등장한 공론장은 곧바로 같은 눈높이에서 서로 경쟁하는 반쪽짜리 공론장 중 하나로 격하된다.[36] 가짜뉴스를 퍼뜨리는 동시에 "거짓말쟁이 언론 Lügenpresse"에 맞서 싸우는 이중 전략이 그것의 증상인데, 이는 다시금 공론장과 주도적 미디어 자체에 불안감을 조성한다.[37] 그러나 "정치적인 것"의 공적 공간이 경쟁하는 공론장의 전쟁터로 변질될 때에는, 민주적으로 정당화되고 국가가 시행하는 정책조차도 —자유지상주의적으로 연출되지만 권위주의적 동기에서 출발한 반反코로나 시위의 경우처럼— 음모론적 설명을 자극한다. 이러한 경향은 유럽연합 회원국에서 이미 관찰할 수 있다. 그런데 정치 체계가 사회구조적 갈등으로 인해 충분히 오랫동안 훼손되고 흔들린다면, 이러한 경향은 심지어 정치 체계 자체를 장악하고 변형시킬 수도 있다. 미국에서는 정부와 여당의 상당 부분이 매일 트위터를 통해 포퓰리스트 추종자들의 국민투표적 지지를 구함으로써 소셜 미디어에서 성공을 거둔 대통령의 자기 인식에 순응한 이후, 공론장이 지속적인 양극화의 소용돌이에 휩싸였다.[38] 정치적 공론장의 붕괴는

---

36 이 "반쪽짜리 공론장"의 환경은 마찬가지로 절반은 사적인 것으로 되어 버린 공론장이라고도 적절히 기술할 수 있다. 필리프 스타브와 토르스텐 티엘은 "사인주의(私人主義, Privatismus) 없는 사사화(私事化, Privatisierung)"라는 논문 제목으로 이러한 특성을 정확히 포착하고 있다. 각주 20 참조.

37 R. Jaster, D. Lanius, "Fake News in Politik und Öffentlichkeit", in: R. Hohlfeld, M. Harnischmacher, E. Heinke, L. Lehner, M. Sengl (Hg.), *Fake News und Desinformation*, Baden-Baden 2020, 245-269.

38 트럼프와 가짜뉴스에 대해서는 M. Oswald, "Der Begriff 'Fake News' als rhetorisches Mittel des Framings in der politischen Kommunikation", in: Hohlfeld u. a. (2020),

―우리는 이 붕괴가 다만 일시적이길 희망할 뿐이다― 주민의 거의 절반이 비판 가능한 타당성 주장을 유지하면서 의사소통 콘텐츠를 더 이상 교환할 수 없다는 사실로 나타나고 있다. 정치적 공론장의 인식을 광범위하게 변형시키는 데 중요한 것은 가짜뉴스의 축적이 아니라 참여자의 관점에서 가짜뉴스를 더 이상 가짜뉴스라고 식별할 수 없다는 사정이다.[39]

커뮤니케이션학 및 사회과학에서는 이제 저널리즘적으로 제도화된 공론장이라는 공간과 분리된 교란된 공론장disrupted public spheres에 대해 이야기하는 것이 일반적이다. 그러나 과학적 관찰자가 이로부터 이러한 징후적 현상에 대한 기술과 민주주의 이론의 문제를 완전히 분리해야 한다는 결론을 이끌어 내는 것은 잘못일 것이다.[40] 왜냐하면 자립화된 반쪽짜리 공론장에서 의사소통은 결코 탈정치화되지 않으며, 설령 탈정치화되었다고 하더라도 이러한 의사소통이 참여자들의 세계관 형성에 미치는 중요한 힘은 비정치적이지 않기 때문이다. 공론장의 인프라가 더 이상 의사 결정이 필요한 적절한 주제로 시민들의 관심을 유도하지 못하고 경쟁하

61-82 참조.

39 R. Hohlfeld, "Die Post-Truth-Ära: Kommunikation im Zeitalter von gefühlten Wahrheiten und Alternativen Fakten", in: Hohlfeld u. a. (2020), 43-60 참조.

40 분명한 입장 결정에 대해서는 S. Berg, N. Rakowski, T. Thiel, "Die digitale Konstellation. Eine Positionsbestimmung", in: *Zeitschrift für Politikwissenschaft*, 30, 2020, 171-191 참조.

는 여론들, 즉 질적으로 여과된 의견의 형성을 보장할 수 없을 때에는, 민주주의 체제 전체가 손상된다. 물론 본질적으로 위기에 취약한 자본주의적 민주주의의 복잡한 존립 조건을 상기해 보면, 정치적 공론장의 기능 상실에 더 깊은 이유가 있을 수 있다는 것은 분명하다. 하지만 그렇다고 해서 쉽게 떠오르는 당연한 이유를 찾지 않아도 되는 것은 아니다.

　　　나는 한편으로는 실리콘밸리의 출현, 즉 디지털 네트워크의 상업적 이용과, 다른 한편으로는 신자유주의 경제 정책의 세계적 확산의 동시 발생에서 그러한 이유를 본다. 그 당시 "네트워크"라는 기술적 구조의 발명으로 가능해진 전 세계적으로 확장된 자유로운 의사소통의 지대는 이상적인 시장의 거울로 제시되었다. 이 시장은 먼저 규제가 완화될 필요가 없었다. 물론 이러한 암시적인 이미지는 이제 의사소통 흐름의 알고리즘 제어로 인해 교란되고 있으며, 대형 인터넷 기업의 시장 지배력은 이를 기반으로 집중된다. 검색 엔진, 뉴스 포털 및 기타 서비스에 무료로 제공되는 정보와, 거의 눈에 띄지 않게 교환되는 개인 고객 데이터의 불법 복제 Abschöpfung 및 디지털 처리는 유럽연합 경쟁위원장이 이 시장을 규제하고자 하는 이유를 설명해 주고 있다. 그러나 플랫폼이 고전적인 미디어와 달리 진실에 민감한, 즉 속임수에 취약한 의사소통 콘텐츠의 유포에 대해 어떤 책임도 지지 않으려는 기본적인 오류를 수정하고자 한다면, 경쟁법은 잘못된 수단일 것이다. 가령 신문·라디오·텔레비전이 오보를 정정할 의무가 있다는 사실은 여기서 흥미로운 사실을 주목하게 만든다. 단순한 상품이 아니라는 그 상품의 특수한 특성으로 인해 플랫폼은 언론의 진실 확인 의무에서 벗어날 수 없다는 것이다.

플랫폼은 그들이 제작하거나 편집하지 않은 뉴스에 대해서도 책임이 있고 보증해야 한다. 왜냐하면 이 정보들은 의견과 사고방식을 형성하는 힘을 가지고 있기 때문이다. 그것들은 무엇보다도 상품의 품질 기준에 종속되는 것이 아니라, 판단의 인지적 기준에 종속되며, 그것 없이는 사실 세계의 객관성도, 상호 주관적으로 공유되는 우리 세계의 정체성과 공통성도 존재할 수 없다.[41] 더 이상 가짜뉴스로 식별될 수 없는, 따라서 진짜 정보와 구별할 수 없는 가짜뉴스의 상상하기 어려운 "세계"에서는 어떤 어린이도 임상 증상 없이 성장할 수 없을 것이다. 따라서 공론장의 포용적 성격과 여론 및 의사 형성의 토의적 성격을 가능하게 하는 미디어 구조를 유지하는 것은 하나의 정치적 노선 결정이 아니라 헌법적 명령이다.

---

[41]   이러한 연관성을 꿰뚫어 보는 사람은 오늘날 공영 방송사의 장비와 프로그램에 대한 만연한 비판이 논의적 공론장의 기초를 겨냥하며, 결국에는 권위주의적 특성을 갖는다는 것을 인식하고 있다. 텔레비전과 라디오 방송은 이제 곧 공적 지원을 통해서만 경제적 기반을 확보할 수 있게 될 고급지와 함께 공론장의 "플랫폼화"와 공공 의식의 상품화 소용돌이에 대해 그럭저럭 저항하고 있다. 이에 대해서는 Fuchs (2021) 참조.

2장

토의 민주주의: 인터뷰

▶ 오늘날 많은 토의 이론가는 토의 기준이 집합적 민주주의 모델에서 권력 평등의 기준과 같은 "규제적 이상"으로 기능한다고 강조합니다. 이는 궁극적으로 많이 인용되는 "이상적 발화 상황"이라는 개념이 실제로는 바람직한 목표가 아니라는 것을 의미합니다. 이것이 바람직한 발전이라고 생각하십니까?

　　귀하의 질문은 "이상적 발화 상황"이라는 개념에 대한 고집스러운 오해를 해결할 수 있는 기회를 제공합니다. 내가 1972년 "진리 이론"에 관한 논문 이후로는 오해의 소지가 있는 표현을 사용하지 않았고, 오래전에 [이러한 표현을] 수정했다는 사실 외에도 이 개념이 도입된 맥락을 고려해야 합니다. 나는 그 당시 우리가 진술의 타당성에 대한 논증에 들어갈 때마다 실제로 항상 그로부터 출발해야만 하는 화용론적인 전제 조건들의 묶음에 대하여 이 표현을 사용했습니다. 논의의 참여자로서, 우리는 그러한 이유 교환에서 강압이나 조작이 개입되거나, 관련 당사자가 배제되거나, 관련 의견과 입장 표명이 억압되는 경우, 우리가 "진지하게" 논증하지 않는다는 것을 "알고" 있습니다. 우리는 주어진 상황에서 더 나은 논증이라는 강제성 없는 강제만이 작용한다고 전제해야 합니다. 우리가 합리적 논의에 참여하는 방법에 대한 이러한 우리의 지식은, 논증 참여자들이 이러한 화용론적 전제 조건을 대략적으로만 충족할 수 있다는 것을 알고 있더라도, 그들의 실제 행동에 규제적인 영향을 미칩니다. 이러한 반反사실적 지위와 관련해서는, 아마도 논의의 화용론적 전제 조건의 이상적 내용이 참여자들에게 규제적 이념의 역할을 한다고 말할 수 있을 것입니다. 관찰자의 관점에서 보면, 합리적 논의가 순수한 형태로 이루어지는 경우는 거의 없다는 것을 알 것입니다. 그러나 참여자의 관점에서 보면, 이 사실이 우리가 협력적 진리 탐색을 위해 이러한 본질적인 전제 조건으로부터 출발해야만 한다는 것을 변경하지는 않습니다. 무엇보다도 이는 우리가 위장에 불과한 논의나 의심스러운 방식으로 도달한 합의를 바로 이러한 기준에 근거하여 비판한다는 사실에서 잘 드러납니다.

이제 철학자가 합리적 논의의 개념을 탐구할 때, 그는 참여자의 인식론적 태도를 취하고 "어떻게 논증해야 하는지"에 대한 그의 수행적 "지식"을 재구성하려, 즉 이 지식을 "논증이란 무엇인가"에 대한 명시적 "지식"으로 전환하려 시도합니다. 이에 반해 사회과학자가 가령 민주주의 이론을 숙고하는 맥락에서 논의를 다룰 때, 그는 논의 그 자체에 관심을 두지 않습니다. 그는 이러한 현상을 관찰자의 관점에서 만나고, 시공간 속의 논의, 즉 그것의 다양한 경험적 형태로 묘사하며, 이를 위해 덜 선명하게 이해된 "토의 Deliberation"라는 개념을 사용합니다. 그러나 경험적 연구자도 참여자의 수행적 지식을 가볍게 무시하지 말아야 할 충분한 이유가 있습니다.[1]

참여자가 특정한 이상적 전제 조건을 전제로 하는 경우에만 작동하는 관행이 많이 있습니다. 예를 들어 민주적 법치국가에서 시민은 ("현실주의자"나 비판법학Critical Legal Studies의 대표자들이 판사의 이해관계에 따른 동기에 대해 발견한 것에 전혀 동요하지 않고) 어느 정도 공정한 판결을 기대할 수 있는 한에서만 법정에서 그들의 갈등을 해결할 것입니다. 마찬가지로 시민들은 자신의 투표가 경청될 수 있고 그것이 "중요하다"고 암묵적으로 전제할 수 있는 경우에만 정치 선거에 참여할 것입니다. 그의 투표는 다른 투표와 동일한 비중을 가져야 합니다. 이는 또한 이상적인 전제 조건

1   이에 관해서는 D. Gaus, "Discourse Theory's Claim: Reconstructing the Epistemic Meaning of Democracy as a Deliberative System", in: *Philosophy and Social Criticism*, 42:6, 2015, 503-525 참조.

이기도 합니다. 그러나 국가 기관에 내장된 이러한 논의 관행은 비공식 논의와 달리 신뢰성을 잃을 수 있습니다. [요컨대] "도태되었다"고 느끼는 유권자들은 더 이상 기표소에 가지 않습니다.

예를 들어 소외된 비투표자와 그들의 이해관계에 대한 무시의 악순환이 형성되거나, 공적 의사소통의 인프라가 붕괴되어 정보에 입각한 여론이 아니라 둔탁한 원한이 선거판을 지배할 때, 민주적 선거는 더 이상 작동하지 않습니다. 요컨대 나에게 토의정치는 초라한 현실을 측정해야 하는 고상한 이상이 아니라, 여전히 그 이름에 걸맞은 민주주의가 존재하기 위한 전제 조건입니다.

부르주아 공론장이 자유민주주의와 함께 발전한 것은 역사적 우연이 아닙니다. 대중민주주의의 변화된 조건하에서도 의회의 입법, 정당의 경쟁, 자유로운 정치 선거는, 살아 있는 정치적 공론장, 활발한 시민사회와 자유주의 정치문화에 뿌리를 내려야 합니다. 왜냐하면 이러한 사회적 맥락이 없다면 지배의 민주적 정당화에 필수적인 토의의 전제 조건은 현실에서 발판을 마련할 수 없기 때문입니다.

▶ 그러나 많은 토의 이론가는 합의가 성공적인 토의 과정의 목표가 될 필요는 없으며, 오히려 토의는 선호를 명확히 할 수 있을 뿐이라고 이의를 제기합니다. 상호 이해 지향이라는 가정이 토의에 너무 강한 영

향을 미치지 않을까요?

서두에 분명히 해 둬야 할 것이 있습니다. 정치적 논의가 일치라는 목표를 지향한다는 가정은, 결코 민주적 과정을 일종의 목가적으로 이상화된 평화로운 세미나 행사로 상상해야 한다는 것을 의미하지 않습니다. [그와는] 반대로, 참가자들이 자기 신념의 진실성이나 정확성을 지향하는 것은 정치적 논쟁을 더욱 부추기고 그것에 싸움의 성격을 부여한다고 가정할 수 있습니다. 논증하는 사람은 반대 의견을 말하는 사람입니다. 오직 상호 '아니오'라고 말할 수 있는 권리, 즉 격려를 통해서만 인식론적 잠재력이 펼쳐지며, 이것 없이는 우리는 서로에게서 배울 수 없습니다. 그리고 여기에 토의정치의 요점이 있습니다. 즉 우리는 정치적 논쟁 속에서 우리의 신념을 개선하고 문제에 대한 올바른 해결책에 더 가까이 다가갈 수 있습니다. 물론 이것은 정치 과정이 인식론적 차원을 가지고 있음을 전제로 합니다….

▶ 선호를 명확히 하는 것이 토의의 충분한 목표라고 생각하시나요? 그리고 토의가 타협이나 윈-윈 상황과 같이 엄격한 의미에서 합의가 아닌 결과도 만들어 낼 수 있나요?

물론 선호를 명확히 하는 것은 모든 정치 논의의 첫 번째 단계입니다. 다른 한편으로, 논의는 참여자들이 토의 과정에서 초기의 선호를 검토하고 더 나은 이유에 비추어 선호를 변경할 것이라는 기대를 뒷받침하기도 합니다. 이러한 조건에 근거하여 토의적 의견 및 의사 형성을 타협과 구분할 수 있습니다. 논의는 선호를 변화시키는 논증의 힘에 여지를 주기 때문에 인식론적 차원을 갖는 반면, 권력을 가진 파트너 사이에서 상호 양보 또는 상호 이익의 대가로 협상된 타협은 기존 선호를 건드리지 않고 그대로 둡니다. 논의와 협상이라는 두 가지 절차는 모두 정치적 합의의 정당한 형식입니다. 논의의 인식론적 경로를 통해 합의를 구해야 하는지, 아니면 협상적 경로를 통해 합의를 구해야 하는지 알기 위해서는 질문의 방식에 주목해야 합니다.

그러나 중요한 물음은 우리가 어떤 종류의 이유가 합리적 동기 부여에 따라 선호를 변화시키는 힘을 가지고 있다고 믿는가라는 것입니다. 그 답은 토의정치를 다룰 때 경험적으로 연구하는 정치학자들도 명확히 알아야 할 철학적 배경 전제에 따라 달라집니다. 경험주의자들은 실천이성에 대한 비인지주의적 관점을 가지고 있는데, 그들은 실천이성이 합리적 선택 능력과 전략적 의사결정에 국한되어야 한다고 주장합니다. 이것은 행위의 여지와 위험에 대한 더 나은 정보와, 가능한 대안적 행위의 결과에 대한 비교적 신뢰할 수 있는 계산만이 자신의 선호에 영향을 미칠 수 있으며, 다른 참여자의 선호에 대한 고려는 자신의 선호에 영향을 미치지 않는다는 것을 의미합니다. 구속력 있는 행위규범의 정확성이나 가치의 우선성에 대해 논쟁하면서 우리가 사용하는 이유의 인식론적 비중은 합리적으로 동기 부여된 선호 형성에 있어 사실에 대한 정보만큼이나 중요하기 때문에, 이러한 제한적인 견해는 직관에 반하는 것입니다.

정치적 논의에서 중요한 것은 서술적 진술의 진실성뿐만 아니라 우리가 규범적·평가적 진술과 결부시키는 타당성 주장 Geltungsanspruch입니다. 법적 규범의 공정성은 규제가 필요한 사태와 관련하여 [그것이] 관련 당사자 모두에게 "동등하게 좋은"지 여부의 관점에서 검토될 수 있습니다. 여기에 보편화 원칙이 작용합니다. 정치 공동체의 구성원은 선호의 관점에서 공유된 생활 형식의 정신을 참조하여 경쟁하는 가치들 사이의 결정을 검토할 수 있습니다. 이에 반해 선호 그 자체는 정당화를 요구하지 않습니다. 왜냐하면 그러한 일인칭 진술은 자신의 욕구에 대한 특권적 접근에 의해 인가된 것이기 때문입니다. 정의의 문제는 인지적 과제로 이해되는 반면, 가치의 우선성에 대한 결정은 합리적으로 동기 부여된 의사 형성의 일부 인지적이고 일부 의지적인 과제로 볼 수 있습니다. 이때 참여자들의 합의 방향은 각 질문의 의미에서 비롯되는데, 선호와 달리 규범과 가치는 결코 한 개인에게만 해당되는 것이 아닙니다.

다른 한편으로, 물론 논의에 대한 인식론적 이해에 전제된 이러한 합의 지향성이 참여자들이 정치적 문제에 대해 실제로 합의에 도달할 수 있다는 비현실적인 기대를 가질 수 있다는 것을 의미하지는 않습니다. 왜냐하면 실천적 논의는 참여자들에게 서로의 관점을 채택하려는 있을 법하지 않은 자세나 공동 이익이나 가치 지향을 향한 지향을 요구하기 때문입니다. 이러한 이유로 민주적 절차는 시간 제한이 있는 토의를 다수결로 결정하도록 구속합니다. (필요하다면 가중치가 부여된) 다수결의 원칙 자체는 다시금 의견 형성의 논의적 본성에 의해 정당화될 수 있습니다. 합리적으로 수용 가능한 결과의 추정이 정당화되며 결정이 가역적이라는 전제 하에서, 다수결에서 패배한 소수는 자신의 입장을 포기하지 않고도 논의를 재개할 수 있다는 고려에서 다수에 복종할 수 있습니다.

▶ 의사소통 행위 이론은 전략적 의도가 상호 이해적 의사소통의 지향을 훼손한다고 가정합니다. 다시 말하자면, [의사소통 행위 이론에서] 진정으로 토의하는 행위자는 상호 이해를 향한 지향을 가져야 합니다. 반면 정치에서는 행위자들의 전략적 지향이 중심이 됩니다. 이로써 토의 모델이 정치적 의사 결정 상황에서 도대체 어떤 중요성을 가질 수 있는지에 대한 의문이 제기됩니다.

물론 정치적 결정의 대부분은 타협에 빚지고 있습니다. 그러나 현대 민주주의 국가는 인민 주권을 법의 지배와 결부시킵니다. 이것은 타협이 헌법 규범의 틀 내에서 이루어진다는 것을 의미합니다. 이러한 헌법적 틀의 결과는 타협점을 찾는 일이 정치적 정의와 우선 가치 지향의 실현이라는 문제와 항상 얽혀 있다는 것입니다. 그리고 이러한 문제와 함께 인식론적 의미가 정치적 토의로 밀고 들어오기 때문에, 정치적 토의를 처음부터 이기적인 협상 파트너 사이의 재화 분배에 대한 타협으로 제한할 수는 없습니다.

마크 E. 워런Mark E. Warren과 제인 맨스브리지Jane Mansbridge가 분석한 흥미로운 혼합형이 있습니다. 그들은 무엇보다도 배출권 거래를 이용하는 기후정책 입법의 사례를 다루고 있습니다.[2] [이 사례에서 우리가] 유해물질을 제한하는 기후정책의 목표와 관련 기업의 이해관계 사이에서 타협점을 찾은 것은 사실입니다. 그러나 이 타협은, 이미 결정된 정책의 목표, 즉 시민과 미래 세대의 일반적인 이익을 위해 가능한 한 조속히 지구의 기후 변화를 저지해야 한다는 목표를 고려하기 때문에, 정의 문제도 다루고 있습니다.

---

2   M.E. Warren, J. Mansbridge, "Deliberative Negotiation", in: J. Mansbridge, C.J. Martin (Hg.), *Negotiating Agreement in Politics*, Washington, D.C., 2013, 86-120, 여기서는 98쪽 이하.

▶ 정치 이론에서 전략적 행위와 의사소통적 행위 사이의 대립은 샹탈 무페Chantal Mouffe가 제시한 것과 같은 경합 이론agonistische Theorien의 문을 열었습니다. 이 이론은 스스로 토의 이론보다 "더 정치적"이라고 주장합니다.

정치적인 것에 대한 개념에서 출발하는 이론은, 그것이 정치적 투쟁이라는 경합적 개념을 옹호하든, 행정적으로 통제되는 권력의 체계 개념을 옹호하든, 상호 작용적으로 생성되는 권력의 의사소통적 개념을 옹호하든, 모두 부족합니다. 국가의 사회적 진화 과정에서 정치권력은 국가가 승인한 법과 동근원적으로 발생했습니다. 이로써 사회는 집단적으로 구속력 있는 결정을 통해 자신의 존재 조건에 의도적으로 영향을 미칠 수 있는 반성적 능력을 획득했습니다. 본래 신성한 복합체에 닻을 내리고 있는, 지배의 정당성에 대한 피지배자들의 믿음은 기존 정치 질서의 안정을 위한 조건이었지만, 동시에 그것은 지배에 대한 비판의 원천이기도 했습니다. 근대에 국가권력이 세속화된 이후 민주적으로 제정된 헌법은 마침내 종교의 정당성 제공자 역할을 대체하게 되었습니다. 이후 주민들 사이에 확산된 헌법 원칙에 대한 배경적 합의는 일반적으로 민주적 과정을 통해, 즉 토의적 논증의 교환을 통해 이루어졌다는 점에서 종교에 기반한 정당화와는 다릅니다. 물론 이 합의는 모든 세대마다 갱신되어야 합니다. 그렇지 않으면 민주주의는 지속되지 못했을 것입니다. 그러나 이 배경 합의의 비적대적 핵심은 헌법이 민주적 과정을 일관된 합의 지향적 행사로 조직한다는 것을 의미하지 않습니다. 우리는 정치적 의사소통이 전반적으로 토의적으로 여과된 민주적 과정에 기여하게 하기 위하여 다양한 분야에서 각기 다양한 방식으로 수행해야 하는 다양한 기능으로부터 시작해야 합니다. 그러면 기능적으로 필요한 합리성 요구들 사이에서 흥미로운 격차를 볼 수 있습니다. 더 자세히 말하자면, 법원과 의회 기관 내에서 법적으로 제도화된 논의의 비교적 높은 합리성에서부터 공론장, 선거운동, 시민사회의 목소리, 그리고 일반적으로 미디어를 통해 매개되는 정치적 매스커뮤니케이션에서 일어나는 정치 행위자의 산만한 공중을 향한 논쟁에 이르기까지, 다양한 단계의 의사소통에서 합리성의 요구는 계속 감소합니다. 예를 들어 전반적으로 토의적 의지 및 의사 형성에 대한 정치적 매스커뮤니케이션의 기능적 기여는 의사 결정과 관련된 주제에 대해 경쟁하는 여론들을 만들어 내는 데 있다고 볼 때에만, [우리는] 비로소 선거운동의 경합적 성격, 정당의 투쟁 및 사회운동의 다양한 항의 형식을 적절하게 분류할 수 있습니다.

기능적 관점에서 볼 때, 참여자들의 합의 지향은 법적 구속력이 있는 결정이 내려지는 기관의 협의에서만 필요합니다. 광범위한 공론장의 비공식 의사소통은 강력한 입장 표명이나 거친 형태의 갈등을 견딜 수 있습니다. 그 이유는 이러한 의사소통에의 기여가 각기 관련 주제, 정보, 주장을 동원하는 데 제한되는 반면, 결정은 다른 곳에서 이루어지기 때문입니다. 공론장의 적대적 역동성은 시민들이 자신의 정치적 의견 표현과 결부하여 갈등을 일으키는 진리 지향에 의해 촉진될 수 있습니다. 그러나 이 역동성 역시 경쟁하는 여론들을 만들어 내는 데 있어서 더 기능적입니다.

▶ 이러한 맥락에서 훌륭하고 바람직한 토의는 합리적 이유(또는 정당화)뿐만 아니라 서사·감정·수사법도 포함하여야 한다는 점점 더 빈번히 제기되는 주장에 대해서는 어떻게 평가하시나요?

이에 대해서는 다시금 전체적인 그림을 보아야 합니다. 정치적으로 관련된 여론이 등장하는 매스커뮤니케이션은 주로 정부, 정당, 이익단체의 정보에 의해 공급되며, 이 투입된 정보는 언론에 의해 처리됩니다. 일반적으로 시민사회의 행위자들은 정당, 사회 기능 체계의 전문가 및 홍보 기관에 맞서기 쉽지 않습니다. 다른 한편으로, 시민사회는 개별 하위 체계의 기능 장애로 인해 발생하여 "소비자"가 인식하는 문제와 부담에 대해 사회 전체적으로 유일한 공명판입니다. 따라서 시민사회의 의사소통 네트워크는 사적 생활 영역의 비판적 경험을 받아들이고 이를 항의의 목소리로 처리하여 정치적 공론장에 전달하는 일종의 조기 경보 시스템으로서 정치에 기능합니다. 항의가 응축될 수 있는 사회운동이 일반적이지 않기 때문에, 시민사회라는 화면 밖의 편집되지 않은 목소리가 자발적으로 표현될수록 [그것은] 다른 정치 행위자들의 잘 짜인 성명에 반해 오히려 더 경청될 수 있습니다. 서사는 그것이 표현하는 감정과 욕구와 마찬가지로 이해할 수 있는 명제 내용을 가지고 있습니다. 강력한 수사법은 어떤 주제가 매체의 충분한 관심을 끌고 영향력 있는 기관의 의제에 오르기까지 걸리는 긴 여정에서 여전히 전통적인 수단 중 하나입니다. 그리고 화려하고 심지어 규칙을 어기는 행위 또한 정치 시스템에 "도착"해야 할 메시지를 제공합니다.

▶ 그 외에도 일부 토의 이론가들은 자기 이익이 공정성의 원칙에 의해 제한되는 경우에만 정당하다는 단서가 있음에도 불구하고 공익에 대한 고려뿐만 아니라 자기 이익도 토의의 일부가 되어야 한다고 강조합니다. 그것에 대해 어떻게 생각하십니까? 자기 이익은 바람직한 토의의 필수적인 측면인가요?

나는 당연하다고 생각합니다. 도덕적 논의조차도 정의의 관점에서 모든 관련 당사자의 동등한 이익이 무엇인지 고려하기 전에 먼저 갈등에 연루된 당사자들 각자의 이익에서 시작되어야 합니다. 확실히 국가시민이자 공동 입법자인 시민이 오직 자신의 이익만을 추구한다면 민주주의 정치는 제대로 작동할 수 없습니다. 존 롤스는 "이성의 공적 사용"을 정치적 덕에 대한 요구와 올바르게 연관시킵니다. 다른 한편으로, 루소에 대항하여 민주주의 국가는 시민들로부터 그들의 공익 지향을 최소한의 수준에서만 요구할 수 있다는 점도 유의해야 합니다.

▶ 토의 민주주의는 자유주의적 현대 정치문화에 얼마나 강력하게 통합되어 있습니까? 다른 말로 하면 토의가 전 세계적으로 작동할 수 있습니까? 그리고 그렇다면 토의 표준에 또한 문화적 적응이 필요하다는 데 동의하십니까?

평화적이든 군사력에 의한 것이든 주저없이 민주주의를 수출하겠다며 만세 부르는 생각은 어쨌든 경계해야 합니다. 자유민주주의는 시민의 머리를 통해서만 실현될 수 있기 때문에 매우 까다롭고 취약한 정부 형태입니다. 다른 한편으로, 이것이, 내가 이런 표현을 써도 되는지 모르겠지만, "서구"가 민주적 법치국가의 원칙에 대해 제기하는 보편성 주장이 국제 무대에서 상대화되어야 한다는 의미는 아닙니다. 이 토론에서 문제는 논쟁의 여지가 있는 가치가 아니라 이성적 원칙입니다. 국제 사회를 양극화시키는 것은 바로 다른 문화의 가치에 맞서 방어되어야 할 "우리의 가치"에 대한 수다입니다. 나는 철학자로서 "우리"가 간문화적 논의에서 민주주의 헌법국가의 도덕적 토대로서 인권의 일반적 타당성을 옹호하는 충분한 이유가 있다고 주장합니다. 그러나 이는 "우리"가 그러한 논의에서 배우려는 자세를 가지고 다른 당사자 중 하나의 당사자로서 참여한다는 조건하에만 가능합니다. 배우려는 자세를 통지한 이유는, 우리가 과거뿐만 아니라 현재에도 인권을 해석하고 적용하는 데 있어 가졌던 맹점에 대해 다른 문화로부터 깨달음을 얻어야 한다는 것을 서구 제국주의의 잔혹한 폭력의 역사가 가르쳐 주고 있기 때문입니다. 그사이에 유엔 헌장에 명시된 원칙의 추정적 보편성조차도 우리가 자유민주주의를 확산하기 위해 십자군 전쟁을 벌이는 것이 허용되었다는 것을 의미하지는 않습니다. 귀하의 질문에서 이미 암시한 이유에서 온정주의적으로 부과된 민주적 질서가 장기적으로 안정될 수 없다는 것은 분명합니다. 다른 한편으로, 나는 "원칙"을 외국 문화의 가치와 상황에 맞게 "적응"시키는 소위 차선책도 잘못이라고 생각합니다. 또한 예를 들어 존 롤스가 『만민법*The Law of Peoples*』에서 권고한 것처럼 정치적 정의 원칙에 대한 선의의 "정치적" 접근 방식도 다른 문명에 대한 의심스러운 온정주의적 태도를 강요합니다.

▶ 가령 종교적, 민족적 분열이 심한 맥락이거나 참여자들이 서로를 신

뢰하지 않는 경우와 같은 많은 사회적·정치적 상황에서는 논증적 합리성 또는 존중과 같은 토의적 이상을 구현하기 어렵습니다. 그러한 상황에서 토의 이론은 도대체 어떤 역할을 할 수 있을까요?

아마도 우리 사회가 다원화되는 과정에서 사회 통합의 부담이 지역적 생활 형식과 민족적 문화 차원에서 국가와 정치로 옮겨 가고 있다는 장기적인 추세를 우선 상기할 필요가 있습니다. 기술적으로 가속화된 생활 조건의 이동과, 무엇보다도 외국 문화권으로부터의 이민 증가가 이것의 중요한 원인입니다. 공통의 공용어 외에도, 정치 공동체의 모든 시민이 공유해야 하는 것은 국가시민이라는 지위를 중심으로 점점 더 구체화되고 있습니다. 따라서 정치문화는 더 이상 토착 다수 문화와 일치할 수 없습니다. 이러한 차별화 과정은 미국과 같은 이민 사회에서도 고통스러운 것으로 느껴집니다. 이는 모든 곳에서 포퓰리즘적인 반응을 불러일으키며, 특히 사회적 약자 사이에서 더욱 그러합니다.

특히 큰 부담은 예를 들어 오늘날 유럽 주민이 이슬람국가로부터의 이민의 결과로 경험하고 있는 사회의 종교적 분열일 수 있습니다. 종교의 자유를 보장하는 자유주의 국가는 한편으로, 종교적·문화적 권리를 부여함으로써 소수자를 크게 수용할 수 있습니다. 다른 한편으로, 자유주의 국가는 의심스러운 타협을 해서는 안 됩니다. 그것은 소수자가 모든 사람에게 적용되는 기본권의 틀 내에서만 그들의 문화적 생활 형식과 종교를 실천할 것을 그들에게 요구해야 합니다. 이러한 갈등은 국가의 법적·관료적 수단을 사용해서는 잘해야 완화될 수 있을 뿐이며, 장기적인 문화적 동화와 사회화를 통해서만 해결될 수 있다는 점을 고려할 때, 귀하는 토의 정치의 중재 역할에 대해 묻고 있는 것입니다. 물론 광범위한 공론장에서 다양한 사회통합적 갈등에 대한 교감적 주제화, 그리고 무엇보다도 포퓰리즘 측이 조장하는 두려움과 불안감을 탈극화脫劇化하는 것이 도움이 됩니다. 물론 귀하 자신이 이미 지적했듯이, 논증 자체보다 오히려 이 문제에 대한 토의적 접근이라는 단순한 정치적 사실이 더 중요합니다. 우선 고립된 집단들이 먼저 눈을 뜨게 하고 그런 다음 서로를 존중하게 만드는 것이 교제의 스타일입니다. 이 스타일이 곧 논증입니다.

일반적으로 토의라는 의사소통 형식과 논증 참여자들의 상호 존중 사이에는 밀접한 관련이 있습니다. 존 롤스는 이성의 공적 사용이 요구하는 상호 존중을 정치적 덕으로 파악합니다. 이 존중은 동등한 권리를 가진 시민으로 인정되어야 하는 타자의 인격과 관계됩니다. 공적 이성의 사용이라는 맥락에서, 존중은 자신의 정치적 견해를 타자에게 정당화하려는 자세, 즉 타자와 논의에 들어가겠다는 자세로까지 확장됩니다. 물론 이것은 논의의 과정에서 각기 타자의 관점을 취하고 그의 상황에 서서 생각한다는 더 광범위한 기대에 대한 필요 조건일 뿐입니다. 이러한 사회적 인지 능력은 사실적 주장에 대한 논의에서는 관련이 없습니다. 이러한 논의에서는 오로지 논증 자체를 평가하는 것이 문제이기 때문입니다. 그러나 실천적 논의에 있어서는 매번 타인의 생활세계의 관점에서만 그것의 상대적 비중을 평가할 수 있는 이해관계에 대한 논쟁이 벌어집니다. 갈등을 정의의 관점에서 보기 위해 필요한 이러한 상호적 관점의 채택은 순전히 인지적인 기능을 갖지만, 큰 문화적 거리를 가로질러 이 힘든 작업에 기꺼이 참여하려는 자세가 진짜 난관입니다. 이러한 동기부여의 문턱은 귀하가 말씀하신 갈등의 완고함을 설명해 주지만, 일반적으로 경험적·이론적 문제는 실천적 갈등보다 더 자주 합의적으로 해결될 수 있다는 사정도 설명해 줍니다.

▶ 도발적으로 질문하겠습니다. 선생님은 『사실성과 타당성Faktizität und Geltung』을 통해 비판이론과 작별했다고 생각하십니까? 이 책에서는 자유민주주의 국가의 기능에 매우 강하게 중점을 두었지만, 이 국가는 자유자본주의 국가이기도 합니다.

이론적 노력에서 나는 막스 호르크하이머Max Horkheimer와 나의 스승 테오도어 W. 아도르노Theodor W. Adorno가 세운 전통에 여전히 헌신하고 있다고 느낍니다. 독일에서 추방된 구세대 비판이론의 사고는 본질적으로 파시즘과 스탈린주의의 경험에 의해 각인되어 있습니다. 제2차 세계대전 이후 비로소 세계의 작은 지역에서 자본주의를 길들이려는 시도가 일시적으로 관철되었습니다. 돌이켜 보면 다소 찬란했던 이 수십 년은 —에릭 홉스봄^{Eric Hobsbawm}은 반쯤 아이러니하게도 "황금기"라고 말합니다— 적어도 법치국가와 민주주의라는 두 요소의 균형 잡힌 구현, 즉 법치국가적으로 구성된 민주주의의 규범적 내용을 실현하기 위한 고도로 생산적인 경제 시스템의 정치적 활용이 무엇을 성취할 수 있는지를 보여 주었습니다. 나는 『사실성과 타당성』에서 이 내용을 재구성하려 시도했습니다. 자유주의적 권리는 하늘에서 뚝 떨어지는 것이 아닙니다. 우선 민주적 의사 결정 과정에 동등하게 참여하는 시민들은 자신을 자유롭고 평등한 연합의 구성원으로서 서로에게 부여한 권리의 저자라고 이해해야 합니다. 이러한 재구성에 비추어 보면 정치가 시장에서 어느 정도 물러난 이후 계속해서 진전된 민주주의의 침식을 알 수 있습니다. 이러한 관점에서 보면 민주주의 이론과 자본주의 비판은 하나의 짝을 이루고 있습니다. 내가 "포스트민주주의"라는 용어를 만들어 낸 것은 아닙니다만, 이 용어를 통해 전 세계적으로 관철된 신자유주의 정책의 사회적 결과의 정치적 효과가 잘 요약될 수 있습니다.

3장

"토의 민주주의"란 무엇인가?
이의 제기와 오해

근대 민주주의는 국가시민에게 동등한 주관적 권리를 부여하는 근대법의 수단을 사용하여 구성된 정치 공동체라는 점에서 고대의 선행 민주주의와는 본질적으로 다르다. 그것은 게다가 평지 국가에서 발생했으며, 무엇보다도 그것의 대의적 성격으로 인해 소규모의 그리스 모델과 구별된다. 여기서 시민들의 정치적 의사 형성은 간접적으로, 즉 보통선거에 의해서만 행사될 수 있기 때문이다. 우리의 맥락에서 중요한 것은 공동으로 행사된 의사 행위의 조건이 오직 포용적 공론장에서만 충족될 수 있다는 사정이다. 선거 행위는 대부분 익명이지만 이러한 결정은 공동의 매스커뮤니케이션에 대한 시민의 참여에서 비롯된 경우에만 두 가지 측면에서, 즉 공동 의사 형성 과정의 결과로 모든 사람이 개별적으로, 그리고 독립적으로 내린 결정이라는 자격을 얻을 수 있다. 공적 의사소통은 개인의 정치적 자율성과 모든 국가시민의 공동의 정치적 의사 형성 사이에 필요한 연결 고리를 형성한다.

이러한 상황이 중요한 이유는 내가 아래에서 민주적 의사 형성을 통해서만 해결할 수 있는 본질적인 문제를 다루고 있기 때문이다. 개별 국가시민은 여론 형성 과정의 참여자로서만 개인적인 의견 형성 및 의사 결정 과정에서 사회시민 각자의 자기 이익과 국가시민의 공익 사이에 존재하는 긴장을 조정할 수 있다. 민주적 헌법국가의 정의 자체에 내재되어 있는 이러한 긴장은 개별 시민의 정치적 결정의 범위 내에서 이미 해소되어야 한다. 국가시민은 인적人的 연합Personalunion에도 불구하고 자신을 사회시민으로서만 동일시할 수는 없기 때문이다. 민주적 법치국가는 모든 시민에게 정치적 자율성과 사법 주체로서의 평등한 자유를 동근원적으로gleichursprunglich 보장한다. 이러한 자유를 보장하는 법규범인 칸트의 "자유의 강제법"은 그것이 각각의 상충하는 이해관계의 연대적 조정을 반영할 때에만 모든 사람이 동등하게 원할 수 있다. 그리고 이러한 조정은 공론장에서 유권자들의 공동의 정치적 의견 및 의사 형성 과정을 통해서만 이루어질 수 있다.

또한 최근의 사건으로 인해 나는 근대 민주주의의 이 측면에 대해 먼저 논평한다(1). 그런 다음 그것이 왜 토의적 정치 형식에 의존하는지를 설명하고(2), 이 개념에 대해 제기된 권력 망각Machtvergessenheit이라는 이의 제기와 잘못된 "진리 지향"이라는 이의 제기가 왜 근거가 없는지 설명하며(3), 마찬가지로 전문가지배주의자Expertokrat와 포퓰리스트의 대안적 해석이 왜 근거가 없는지도 설명한다(4).

1.

헌법국가는 하늘에서 뚝 떨어지는 것이 아니라, 반드시 연대의 정신으로 제헌의회에 의해 설립되며, 그 연대의 정신 일부가 이 국가 안에서, 그리고 이 국가와 함께 지속되어야 한다. 이성법의 전통에서 건국 행위는 자연 상태에서 사회 상태로 이행하는 것으로 상상되어 왔다. 이에 대해 철학자들은 처음에 매우 다양한 동기를 생각해 냈다. 어찌 됐건 간에 18세기 말에 실제로 일어난 두 차례의 헌법혁명은 주도적인 시민들의 공동 결의와 공적 협상에 의해 이루어진 역사적 사건이다. 이러한 최초 건국 행위의 사회적 자본은 후속 세대에 의해 도박으로 탕진되어서는 안 된다. 후속 세대는 정치적 입법이라는 민주적 과정에 지속적으로 참여함으로써 적어도 최소한의 수준에서 —그리고 (기본법이 시민의 민주적 결의에 기초하지 않은 독일연방공화국의 경우처럼) 때로는 반사실적으로— 이 사회적 자본을 지속적으로 갱신해야 한다.

　　　법치국가의 자유주의적 목적이 자유로이 연합한 사회시민들에게 주관적 권리의 형태로 평등한 사적 자유를 보장하는 것이라고 하더라도, 이러한 자유는 동일한 사회시민들이 국가시민이자 민주적 공동 입법자로서의 역할에서 상호 주관적으로 행사되는 정치적 자율성의 정신에 따라 의사소통권과 참여권을 동시에 사용할 때에만 온정주의적 타율로부터 자유로워질 수 있다. 법치주의의 사적 자유는 국가시민들이 자신의 권리를 스스로 부여할 때에만 자신의 이익에 부합할 수 있다. 공익을 지향하는 입법은 상충하는 사회적 이해관계를 조정하고, 모든 시민이 각 개인의 자아상의 척도에 따라 자기 결정적인 삶을 영위할 수 있는 평등한 기회를 획득할 수 있도록, 자본주의 사회에서 항상 자생적으로 발생하는 사회적 불평등을 조정한다는 목표를 추구해야 한다. 모든 사회시민은 자신의 삶을 형성하기 위해 주관적 권리를 사용할 수 있는 공정한 기회가 주어지기를 원한다. 그래야만 그들은 동기를 부여받고, 민주적 권리 일반을, 그것도 배타적으로 이기적인 방식이 아닌 방식으로, 사용할 수 있다. 이러한 방식으로 한편으로는 모든 사람이 국가시민권의 자율적 사용을 통해 (존 롤스가 요구한 것처럼) 평등한 가치를 지닌 주관적 권리를 입법적으로 생성하며, 다른 한편으로는 모든 시민이 이러한 주관적 권리의 향유를 통해 정치적 자율성을 적극적으로 사용할 수 있게 하고 독려하는 사회적 독립성을 누릴 수 있는 자기 안정적 순환이 일어날 수 있다. 이렇게 사적 자율성과 공적 자율성은 서로를 가능하게 하고 촉진해야 한다.

그러나 이러한 자기 안정적 순환에는 한계가 있는데, 그것은 국가시민이 정치적 참여권을 사용해야 한다는 것과 사적 자유를 사용하는 것이 [서로] 다른 요구를 한다는 것이다. 둘 모두 주관적 권리라는 동일한 형태로 보장되어 있기는 하다. 그러나 권리 부여의 법적 형식은 사적 자유권을 이익에 따라 행사하는 것에 맞춰져 있지만, 이것은 민주적 권리를 행사해야 하는 정치적 의무에는 동일한 방식으로 맞지 않는다. 모든 국가시민은 정당이 시민에게 경감해 줄 수 없는 문제에 대해 정보를 바탕으로 공정하게 해결하려는 정신으로 자신의 투표권, 특히 의사소통권과 참여권을 행사하도록 요구받고 있다. 즉 국가시민은 정치적 선택에 있어 정당한 사적 이익과 공익 관심사 사이에서 공정하게 검토할 것을 요구받고 있다. 민주국가가 공익에 대한 이러한 기대를 일반적으로 아껴서 투여한다고 하더라도, 모든 개인은 각자 국가시민으로서의 역할을 수행하면서 모든 민주주의 공동체가 헌법 원칙을 통해 목표로 설정하고 있는 문제의 해결에 참여하고 있다. 이 문제란 모든 시민이 다원주의적인 민주적 의사 형성을 통해 만들어져 실제로 시행되는 법과 자유에서 자기 자신의 의사를 다시 인식할 수 있어야 한다는 것이다. 현존하는 민주주의 국가들이 —그중에서도 가장 오래된 민주주의 국가들이 다른 모든 국가보다 먼저 터무니없는 방식으로— 그 사이 아무리 이 정치적 목표에서 멀어졌다고 해도, 시민 다수가 이 목표를 신뢰성 있게 지지하는 한 이들 국가에는 민주주의라는 이름의 자격이 있다.

평등한 주관적 권리는 장기적으로 모든 시민에게도 "평등한 가치"를 가져야 하기 때문에, 주관적 권리의 보장은 입법 시민의 정치적 연대 속에서 강제법의 재보장 가능성이 없다면 정치적으로 존립할 수 없다. 이는 저 자기 안정적 순환이 충분한 공익 지향적 입법과 사익 스펙트럼의 충족 사이에서 정체될 때마다 분명해진다. 사회적 불평등을 낳는 경향을 조장하는, 위기에 취약한 경제 시스템의 변동을 억제하기 위해서는 어쨌든 신중한 국가의 개입이 필요하다. 그렇지만 전쟁이나 재난 상황에서 정치 공동체가 스트레스를 받으면 정치적 자기 안정화는 특히 급격한 방식으로 실패할 수 있다. 이는 비상한 집단적 노력 없이는 평소의 유연한 균형을 더 이상 유지할 수 없기 때문이다.[1] 이러한 경우, —또는 팬데믹처럼 통제할 수 없는 자연적 과정의 도전인 경우— 국가는 외부로부터 우발

---

[1] 다음 절에 대해서는 J. Habermas, "Corona und der Schutz des Lebens. Zur Grundrechtsdebatte in der pandemischen Ausnahmesituation", in: *Blätter für deutsche und internationale Politik*, 9, 2021, 65-78 참조.

적으로 침입하여 집단 전체를 위협하는 위험에 맞서 비상한, 필요하다면 파격적으로 요구되는 시민 연대의 힘을 동원해야 한다. 현재의 예외적인 팬데믹 상황에서 국가는 성숙한 민주주의의 법적 수준 이하로 일시적으로 퇴보하는 대가를 치르고 나서만 그러한 비상한 집단적 노력을 획득할 수 있다. 이러한 예외적 상황에서는 비교적 더 높은 수준의 연대가 요구되기 때문에, ―국가의 건강 보호라는 일견 우선순위Prima-facie-Vorrang를 위한― 국가의 요구 사항은 정치적 의사 형성에 대한 국가시민의 공익 지향적 기여와 주관적 자유권 사용의 온전한 범위 사이의 통상적이고 자기 안정적인 순환 과정의 균형을 잃게 만든다.[2]

　　이러한 경우, 종종 이 비상한 연대 서비스 제공Solidarleistung은 더 이상 그런 것으로 인식되지 않는다. 시민들에게 부과될 수밖에 없는 부담은 여전히 민주적으로 결의된 집단적 노력에 대한 국가시민의 기여이다. 그러나 국가가 법적 권한이 있더라도 이미 기능적 이유로 이러한 연대 서비스 제공을 법적 강제만으로 요구해야 하기 때문에 ―비록 법적으로 보면 정치적으로 기대될 뿐, 법적

2　물론 이는 재난, 즉 외부로부터 우발적으로 침입하는 위험의 경우에 발생할 뿐만 아니라, 사회적 갈등의 경우, 즉 무시당한다고 느끼거나 억압받거나 또는 불안감을 느끼는 사회계층이나 문화 집단이 나머지 주민으로부터 분리되어 체제 반대 세력으로 공동의 정치문화에서 "이탈하는" 경우에 **다른 방식으로도** 발생한다. 상당한 지역에서는 코로나 부정론자와 우익 극단주의자 사이의 복잡한 국면에서 두 가지 잠재력이 결합하는 것으로 보인다.

으로 규정될 수는 없음에도 불구하고— 이 부담은 자발적인 성격을 잃는다. 입법부에 의해 정당화된 의사가 어떤 시민이 어떤 부담을 져야 하는지 결정할 경우, 강제적으로 규정된 연대 서비스 제공의 정당성에 대해서는 의심의 여지가 없다. 그렇지 않으면 국가가 그 자체로 피할 수 있었던 감염률과 사망률 증가를 감수하는 정책을 추구해야 했을 것이기 때문이다. 그러나 이러한 대참사는 주관적 자유의 이기적 행사와 기능적으로 필요한 공익 지향 사이의 균형을 찾는 민주 헌법의 구조적 문제를 국가시민 스스로가 해결해야 하며, 이 문제는 정치적 공론장에서 공동의 의견 및 의사 형성 과정에서만 해결할 수 있다는 점을 비로소 극명하게 보여 준다.

이러한 예외적인 상황에서는 정상적인 경우에서도 무엇이 중요한 것인지가 분명하게 드러난다. 널리 퍼져 있는 민주정치의 왜곡된 이미지와는 반대로, 민주정치는 사적이고 이기주의적인 시민들과 조직들 사이의 적나라한 이해관계의 조정이나 고삐 풀린 타협으로 소진되어서는 안 된다. 오히려 중요한 것은 형식적으로 평등한 권리의 수혜자로서 사회시민이 누리는 주관적 자유와 공동 입법자로서의 역할에서 국가시민이 서로에게 빚지고 있는 연대의 조정이다. 왜냐하면 민주적 법치국가의 의미는 [형식상] 평등한 주관적 자유가 실제로도 모두에게 평등한 가치를 갖는다는 데 있기 때문이다. 자기 이익과 공익 지향 사이에 균형을 잡는 공동의 심사숙고 과정을 위해서는 영토가 넓은 민주주의 국가에서 대중매체가

지배하는 포용적인 공적 의사소통 외에 다른 것은 없다. 기표소에서는 개인의 의견만 등록될 뿐이지만, 공동적인 것은 이러한 의견이 형성되는 맥락이다. 이 맥락이 공론장에 퍼져 있는 의견의 떠드는 소리이며, 이 의견이 서로 경쟁하는 여론들로 응축된다.

　　　토의 민주주의의 이론적 발단은 1990년대 초반 이후 미국에서 처음 학문적으로 확립되었다.[3] 그럼에도 불구하고 그것은 고정관념적으로 반복되는 일련의 이의 제기에 부딪히게 되는데, 나는 이에 대해 간략히 언급하고자 한다.

3　　J. Bohman, W. Rehg (Hg.), *Deliberative Democracy. Essays on Reason and Politics*, Cambridge 1997; 최근 관련서는 C. Lafont, *Unverkürzte Demokratie. Eine Theorie deliberativer Bürgerbeteiligung*, Berlin 2021.

2.

토의정치라는 개념과 "토의 집회deliberative Versammlung, deliberative assembly"라는 초기 자유주의적 상상세계의 역사적 연상聯想은, 토의정치가 권력이 통제하는 현실 정치라는 냉혹한 사실을 무시하는 의회주의의 이상주의적 이미지라는 의구심을 불러일으킨다. 따라서 첫 번째 이의 제기는 "정치"가 애당초에 권력과 그 자원을 획득하고 유지하기 위한 권력 투쟁을 의미함에도 불구하고, 왜 우리가 정치에서 하필이면 토의 요소를 강조하는가 하는 물음에 초점을 맞추고 있다. 이 이의 제기는 암묵적으로 사회학에서 통례적인 경험주의적 권력 개념에 근거하고 있다. 이에 따르면, 제재 수단 덕분에 권력자는 상대방의 저항에 맞서 자신의 의사를 관철시킬 수 있는 위협 잠재력을 가지고 있다. 그러나 이러한 현실주의적인 권력 개념으로는 현대 민주주의의 핵심, 즉 다수결의 평균적 수용을 설명할 수 없다. 통일성을 창출하는 세계관이 점점 더 개별화되고 있는 서구의 다원주의 사회에서 지배를 정당화하는 힘을 상실했기 때문에, 민주적 법치국가는 그러한 메타사회적 정당화의 원천에 의존하지 않고 자체적으로, 즉 법적으로 제도화된 민주적 (사안에 따라서는 가중치가 부여된) 다수결 절차의 도움을 받아 지배 기능의 행사를 정당화해야만 한다.

그러나 앞서 언급한 사회학적 권력 개념으로는 이 절차가 어떻게 작동하는지를 설명하지 못한다. 다수가 일정 기간 동안 소수에게 자신의 정치적 의사를 강요할 수 있는 권한을 부여받는 것만이 주기적으로 반복되는 선거에서 결정되는 것이라면, 다수결 원칙의 수용에 대해서는 기껏해야 진부한 설명만이 있을 것이다. 경험주의적 해석에 따르면, 집계된 투표의 다수는 해당 다수 유권자의 상상된 물리적 우월성 자체를 대리한다. 그리고 이것이 왜 "우세한" 시민 일부의 정치 진영이 그때마다 "의사를 얻는지", 즉 그것의 선언된 목표가 일시적으로 패배한 소수의 것보다 자신의 선호에 더 기초를 두고 있는 정부를 얻는지에 대한 근거로 제시된다. 자의성과 행위의 자유라는 개념이 경험주의적 권력 개념과 일치하기 때문에, 이에 따르면, 다수의 지배는 정부가 우세한 일부 주민이 자신들이 선호하는 바를 추구할 수 있도록 [그들에게] 특권적인 행위의 자유를 보장한다는 것으로 표현된다.

다수 시민의 우월한 물리적 폭력의 위협 잠재력에 대한 호소가 권력자의 명령에 대한 물리적 저항이 발생할 경우에 대비한 단지 방어 비축물이라는 의미에 불과하다고 하더라도, 이 버전으로는 인권에 기반한 정치 질서의 기초를 설명하기에 충분하지 않다. 자유롭고 평등한 법적 동료들의 자결적 연합은 모든 시민이 다른 모든 시민과 함께 공동으로 행사하는 정치적 의견 및 의사 형성을 바탕으로 스스로 부여한 법에만 복종한다는 자기 전권 부여自己全權附與, Selbstermachtigung라는 이념에 기초한다. 이러한 요구 수준이 높은 이념은 권력과 자유에 대한 경험주의적 개념을 모든 참여자의 "가공되지 않은" 선호를 수치적으로 집계하여 다수결이 정당화되는 방식으로 사용하여서는 해결될 수 없다. 민주적 선거는 대신에 문제 해결 과정의 마지막 단계, 즉 공적이고 다소 합리적으로 진행된 토론 과정에서 정치적 규제가 필요한 문제에 대한 논쟁 속에서 자신의 선호를 양성하는 시민들에 의한 공동의 의견 및 의사 형성의 결과로 파악되어야 한다.

의사 결정을 준비하는 협의라는 이 요소는 민주적 절차가 패배한 소수의 눈에도 다수결을 정당화한다는 사실을 설명하는 데 필수적인 부분이다. 참여자의 관점에서 볼 때 절차의 설득력을 설명하는 것은 두 가지 특성의 비개연적인 조합이다. 한편으로, 이 절차는 잠재적으로 결과에 영향을 받을 수 있을 모든 사람의 참여를 요구한다. 그리고 다른 한편으로, 그것은 결정 자체를 사전 협의의 다소 논의적인 성격에 의존하게 만든다. 포용의 조건은 잠재적인 관련 당사자 모두의 참여에 대한 민주적 요구에 상응하는 반면, 제안·정보·이유의 토의적 교환이라는 필터는 결과의 합리적 수용 가능성을 가정하는 것을 정당화한다. 이 가정 자체는 이전 협의의 토의 품질에 따라 검토될 수 있다. 이러한 논의는 관련 주제, 필요한 정보, 유용한 찬반 입장 표명을 바탕으로 관련된 여론들, 즉 여론의 경쟁을 불러일으킬 것으로 기대된다. 요약하면 포용적 참여와 논의적 협의의 결합이 합리적으로 수용 가능한 결과에 대한 기대를 설명한다. 그러나 모든 결정은 논의의 종결을 의미하기 때문에, 패배한 소수 자신의 신념을 포기할 필요 없이 자신의 논증이 장기적으로 성공하기를 희망하면서 다수결을 수용할 수 있다.

3.

또 다른 이의 제기는 정치적 토론이 "진리"를 지향하며, 따라서 합의의 목표를 지향한다는 가정을 향하고 있다. 정치적 토론은 명백히 논쟁적인 성격을 가지고 있으므로 그것의 내재적으로 경합적인 성격에 맞는 서술이 필요하지 않은가? 그러나 "진리 지향", 즉 자신의 견해와 평가가 "옳다"는 참여자들의 확신이나 느낌이 바로 정치적 논쟁에 불을 지피고 그것에 논쟁의 성격을 부여한다. 물론 이러한 맥락에서 정치에서는 많은 것에 대해 논쟁이 벌어지고 있지만 엄밀한 의미에서 단언적 진술assertorische Aussage만이 참 또는 거짓이 될 수 있기 때문에 세분화가 필요하다. 물론 우리가 사실에 대한 주장을 넘어 가령 도덕적 또는 법적 정의 진술과 결부시키는 타당성 주장도 또한 참일 수도 거짓일 수도 있다. 이러한 타당성 주장은 논의에서 마치 진리 주장처럼 취급될 수 있다. 그리고 이진 코드화된 타당성 주장과 관련이 없는 진술조차도 어느 정도 그럴듯한 이유를 들어 옹호하거나 비판할 수 있다. 어떤 정치 공동체나 하위문화의 관점에서 특정 가치를 하위 가치보다 선호하거나 일반적으로 특정한 생활 형식과 동일시하는 윤리적·정치적 진술조차도 이유를 바탕으로 그 타당성을 검사할 수 있다. 선호의 표현과는 달리 윤리적, 심지어 미적 표현 또한 이유의 공간에서 타당성 주장을 제기한다. 선호는 욕구와 마찬가지로 주관적으로 표현될 수 있으며, 오직 주관적 주장으로서 유효한 규범에 비추어서만 근거가 제시될 수 있다. 요약하자면 실천적 문제의 논리적 형식을 명확히 하고, 정치가 본질적으로 자기와 관련된 이익을 넘어 도덕적·법적·윤리-정치적 관점에서 협상되는 문제를 다룬다는 점을 기억한다면, 공적 정치 논쟁이 논쟁적 사실 문제를 넘어서더라도 논의적으로 교환되는 이유의 공간에서 움직인다는 것을 알 수 있다. 이는 타협, 즉 대부분의 논쟁적인 정치적 문제의 경우에도 마찬가지이다. 타협은 법적 틀 내에서 이루어지며 그 자체로 공정성의 관점의 지배를 받고 있기 때문이다.

　　정치의 경합적 특성에 대한 지적으로부터 토의정치 개념에 대한 이의 제기를 도출한다면 그것은 다음과 같은 두 가지를 혼동할 경우이다. 그것은 참여자들이 자신의 발언으로 토론을 위해 어떤 인식적, 즉 근거 있는 이유를 들어 비판 가능한 기여를 하고자 하는 그들의 의도와, ―철학자들의 "무한 대화"와 달리― 항상 의사 결정의 압박 속에서 시간이 제한되어 있는 정치 토론에서 실제 합의에 도달할 수 있다는 순진한 기대를 혼동하는 것이다. 결정을 내려야 한다는 바로 이 압박의 의식으로 인해 실천이성에 근거한 논증을 제시하고 방어하는 태도는 어떤 조급한 특성과 날카로운 어조를 띠게 된다. 동시에 매체가 주도하는 공론장의 매스커뮤니케이션에서는 기껏해야 이성적이지만 당분간은 경쟁할 뿐인 여론들만 생성될 수 있고, 또 그래야 한다는 것을 모든 참여자가 알고 있다. 시민들은 이 여론들을 고려하여 기표소에서 정보에 입각하는 방식으로 각자 저마다 정보에 입각한 결정을 내릴 수 있어야 한다. 의회와 기타 국가 기관에서만 비로소 민주적 대면face-to-face 협의를 거쳐 법적 구속력이 있는 결정을 내릴 수 있다. 물론 선거 결과는, 임기 동안 결과물이, 즉 실제로 시행된 정책이 여전히 유권자의 입력 및 각각 정부를 위임받은 정당의 선거 공약에 대한 지향과 유권자가 인식할 수 있는 연관성이 있다는 인상을 유권자가 받을 수 있도록, 정치 체계의 다음 단계에서 처리되어야 한다.

　　　정치 체계의 만족스러운 성과만으로는 정부를 정당화하기에 충분하지 않다. 왜냐하면 유권자가 실제로 "얻는" 것과 민주적 투표 사이에 인식 가능한 연관성이 없으면 정치적 지배는 온정주의적인 체제로 독립될 것이기 때문이다. 다른 말로 하자면 정치적 공론장이 기능하지 않고 부패하면, "법의 지배"가 그대로 유지되고 정부가 유권자를 어느 정도 만족시키더라도 국가는 민주적 실체를 상실하게 된다. 공론장의 미디어 인프라가 주민 스스로 어느 정도 토의적 의견과 의사를 형성할 수 있게 하는 한도 내에서만, 이러한 대규모 면적의 근대 정치 공동체에 잠재된 위험을 피할 수 있다. 독립적인 매체의 표현력은 정치권력과 시민에 의해 생성된 의사소통 권력, 즉 국민으로부터 "나오는" 유일한 "강제력" 사이의 역결합Ruckbindung이 찢어지지 않도록 할 만큼 강력해야 한다.

다른 한편으로, 민주적으로 정당화된 정부에는 스스로 정치 형성력Gestaltungsmacht을 확신하는 정부도 포함된다. 민주적으로 통제되는 리더십이라는 단순한 **외관**만으로는 충분하지 않다. 체계적으로 제한된 행위 범위에 단순히 권력 기회주의적으로 적응하는, 오늘날 지배적인 정치 스타일을 특징짓는, **여론조사가 조종하는** 정치는 비민주적이다. 왜냐하면 이런 정치는 국가의 정치적 행위 능력에 의문을 제기하고 시민사회와 정치적 공론장에서 정치적 의견 및 의사 형성을 무용지물로 만들기 때문이다. 정치 엘리트들 사이에서 체계 이론에 의해 길러진 패배주의가 마비된 정치권력이 된다면, 주민은 행위 능력과 행위 태세를 흉내만 내는 정부에 대한 믿음을 잃을 수밖에 없다.

4.

그러나 토의정치 개념이 직면한 오해를 바로잡는 것은, 민주적 법치국가의 경험적으로 매우 요구 수준이 높은 규범적 전제 조건에 대한 주의를 환기시키며, 이로써 토의 이론이 이상주의적으로 무리한 독해라는 이의 제기를 도발한다. 따라서 오늘날 지배적인 두 가지 대안적 독해를 살펴봄으로써, 이 독해가 —고공비행하는 규범적 주장의 디플레이션을 모두 이해하더라도— 적어도 민주적 헌법의 핵심 내용과 양립할 수 있는지에 대해 검토할 만한 충분한 이유가 있다.[4] 한 독해가 유권자의 "가공되지 않은", 어느 정도 자발적이고 순수한 의사라는 다원주의적 외관으로부터 출발하는 반면, 다른 독해는 정치 엘리트의 전문적 판단에 대해 유권자 투표와 여론으로부터의 상대적 독립성을 부여한다. 두 대안 모두 정치적 공론장에서 시민의 의견과 의사가 계몽되고 포용적으로 형성되는 것의 중요성을 똑같이 무시하고 있다. 따라서 규범적으로 요구 수준이 높은 기대를 없애 버린 이러한 독해는 일정한 "현실주의"를 자랑할 수 있다. 그러나 우리가 오늘날 목도하고 있는 정치적 퇴행은 정치적 공론장이 붕괴되고 정당과 여론의 상호 작용이 마비되고 있는 민주주의 국가들에서 도대체 어떤 일이 벌어지고 있는가 하는 물음을 제기한다.

"다원주의적" 접근법은 민주주의 헌법이라는 요구가 "자유 선거" 절차에 의해 충족된다는 것에 만족하는데, 이는 통계적으로 집계된 유권자 투표를 통해 각 개별 시민의 투표가 공평하게, 즉 공정한 방식으로, 그리고 형식적인 방식으로 "기회를 얻기" 때문이라는 것이다. 이 최소주의적 독해는 민주적 투표가 어떻게 이루어지는지에 대한 문제를 도외시한다. 일반적인 전국 선거에서는 개별 투표의 합산과 배분에 따라 경쟁하는 세력 중 어느 세력이, 어떤 공표된 목표를 가지고 국가를 지배할지가 결정된다. 따라서 결과는 자율적으로 투표한 많은 개별 투표가 결과를 구성하는 방식과 관계없이 모든 시민에게 영향을 미친다. 그것은 유권자가 그들의 투표

---

4   이 비판에 대해서는 Lafont (2021) 참조.

를 통해 스스로 결속한 "그들의" 정부이다. 각 개인은 그러한 제도적 결과, 즉 모든 시민에게 동등하게 중요한 결과를 가져올 것을 기대하며 투표하기 때문에, 개별적인 투표 결정이 그에 상응하는, 즉 공동의 정치적 의사 형성에서 나온 경우에만 논리적일 것이다. 그렇기 때문에 개인주의적 시각에서 의견 및 의사 형성 방식을 개인의 사적인 문제로 간주하는 다원주의적 접근 방식의 장점은 본질적인 측면을 숨기고 있다. 그러니까 그것은 민주적 국가시민의 원래 임무, 즉 각자가 사인으로서 가지고 있는 개인적 이익을 모든 시민의 공동 이익과 통합해야 한다는 임무를 무시한다.

직업 생활과 사적 생활로 바쁜 일반 시민들이 국가시민으로서의 정치적 역할에 투여할 시간·동기·관심·인지적 노력을 위한 빈약한 예산을 강조한다는 점에서 "전문가지배주의"의 접근 방식도 현실주의적이다. 동시에 그것은 현대 사회에서 정부와 행정이 대처해야 하는 과제의 점증하는 복잡성을 상기시켜 준다. 사회의 다양한 자기 규제적 부분 체계의 복잡성은 그 자체가 하나의 기능 체계로 독립된 국가 조직에 대한 완화 효과도 갖는다. 그러나 정치 전문가들이 거의 모든 기능 체계 장애의 수리에 대한 배상 보증 책임을 맡거나 심지어 정치 형성이라는 목표를 추구한다면, 그들은 다양하고 상세한 전문 지식을 습득해야만 한다. 따라서 이 주장에 따르면, 정치는 필연적으로 시민들의 수용 자세와 관심뿐만 아니라 수용력에도 과도한 요구를 한다는 것이다. 기술 관료적 견해에 따르면, 정치적 문제를 다루는 데 필요한 전문 지식과 상식 사이의 메울 수 없는 격차로 인해 시민들 스스로가 정치적 대안에 대한 의견 형성에 진지하게 참여하는 것은 불가능하다. 그리고 이것은 선거 운동의 국민투표적 성격에 의해 확인되는 것처럼 보인다. 어느 누구도 읽지 않는 정당 정책 대신 인물에 대한 전문 광고가 등장한다. 물론 이러한 서술조차 비현실주의적이지는 않다. 그러나 시민들은 다시금 자신의 정치적 자율성의 중대한 사용을 포기하는 대가로 이러한 결함에 대한 값을 지불한다.

두 가지 접근 방식의 "현실주의"는 충분한 경험적 증거가 있는 서구 대중민주주의의 정치적 의사 형성을 단순화한다는 것에 그 본질이 있다. 동시에 이 접근 방식들은 이러한 특성이 규범적 관점에서 결함으로 간주되든 아니든 간에 현대 사회의 생활 조건에서는 불가피하다고 넌지시 비치고 있다. 그러나 이러한 추가 진술에 대한 설득력 있는 증거는 결코 없다. 우리 사회의 점증하는 다원주의는 문화적 생활 형식과 개인의 라이프스타일의 다양화와 관계가 있다. 그 결과 대규모 면적의 사회에서 사회 통합의 부담은 사회화된 생활세계 차원에서 정치적 국가시민성 Staatsbürgerschaft 차원에로 더 강력히 이동하고, 여기서 국가시민적 통합이 그사이 민족적, 즉 정치 이전의 유대 관계로부터 분리되는 일반적 경향이 나타나고 있다. 그러나 국가시민성이라는 보다 추상적인 차원에서의 사회적 결속이 점점 더 확보되어야 한다면, 이 기능적 명령은 정치적 의견 및 의사 형성의 동원에 대해 그만큼 더욱더 유리하게 작용한다. 디지털 인프라도 이러한 동원에 어느 정도 부합할 수 있지만, 이러한 순기능은 당분간 부재한 관련 규제가 갖춰질 것이라는 전제하에서만 가능하다. 정치 전문가의 전문 지식과 시민의 국가시민적 상식의 수용력 사이의 격차에서도 상황은 유사하다. 정부와 행정의 업무도 높은 수준의 전문 지식을 필요로 하는 것은 사실이다. 그러나 정치인 스스로가 전문가로부터 정보를 얻어야 한다는 사실과는 별개로, 복잡한 정치적 숙고 사항을 관심 있는 시민(즉 우리 모두)의 일상적 사고의 언어로 번역할 수 없다는 것은 단순히 사실이 아니다. 번역될 수 없다면 그것은 정치적 숙고가 아닐 것이다. 특히 정책의 대★노선과 그에 상응하는 대안에 대한 심사숙고와 관련하여, 일반 언어적 설명이 사태의 실체와 그것의 근거 제시에 부합하는지 여부는 영리하고 전문적으로 능숙한 번역의 문제이다. 그리고 정상적인 상황에서 시민들의 정치 참여 자세에 대한 회의는 오늘날 우익 급진주의의 부상과 함께 우리에게 놀랍게도 분명하게 보인 정치 참여 정도에 비추어 검토되어야 할 것이다. 이것이 말하고 있는 바는, 낮은 사회적 지위와 상대적으로 낮은 학교교육으로 특징지어지는 계층에서조차, 정치적 메시지에 대한 수용력과 수용 자세에 대한 회의가 아니다. 일반 학교교육 수준으로 측정할 때 점점 더 똑똑해지고 있는 주민의 경우, 시민들의 사적 이익이 우세하다고 해서 그 자체로 관련 정치 참여 교육이 실패할 수 밖에 없는 것은 아니다.

전통적인 우익 포퓰리즘("우리가 국민이다")이라는 한편과 이른바 사이비 민주주의 법치국가의 상상 속의 억압에 맞서 주관적 자유권을 옹호한다는 이상한 음모론자들의 자유지상주의적 자기 중심증이라는 다른 한편이 결합하고 있는 불안한 현상이 바로 공세로 전환할 충분한 이유이다. 오늘날 밝혀진 바와 같이 특별히 안정적이지 못한 민주주의의 전반적으로 성장하는 자본주의 사회에서, 사회적 불평등의 심화를 바탕으로 정치적 공론장의 붕괴가 충분히 진행될 경우, 이러한 놀라운 저항의 잠재력이 발생하여 정치 체계가 내부로부터 분쇄될 수 있을 것이다.

지금으로부터 20년도 전에 내가 하버마스의 『공론장의 구조변동』을 번역했던 사실을 기억한 세창출판사가 디지털화가 가져온 새로운 미디어 환경에서 공론장의 '새로운' 구조변동을 논한 그의 최근 저작의 번역을 내게 우선적으로 의뢰한 것이 내가 이 책을 번역하게 된 직접적 계기였다. 마침 다니던 직장의 정년을 맞이한 옮긴이에게 출판사의 이러한 배려는 고마운 제안이었다. 동시에 민주주의의 기초로서 공론장을 중시하는 하버마스가 새로운 미디어 구조와 환경에 대해, 그리고 그것이 민주주의에 대해 미치는 영향에 대해 어떠한 평가와 입장을 갖는가에 대한 관심도 있어서 선뜻 번역을 맡게 되었다.

　　이 번역의 원본은 위르겐 하버마스Jürgen Habermas의 *Ein neuer Strukturwandel der Öffentlichkeit und die deliberative Politik*(Suhrkamp Verlag AG, Berlin 2022)이다. 그의 다른 다수의 저작이 그렇듯이 이 책도 이 주제를 위해 그가 별도로 단행본을 기

획하고 저술한 것은 아니다. 지은이 스스로 서문에서 밝히고 있듯이, 공론장에 대해 관심을 갖는 일군의 학자들이 변화된 환경에서 이를 새롭게 논의하고 이에 대해 그가 응답하는 형태로 서술된 글을 기본으로 하고, 여기에 관련 글들을 모아 이 책이 구성되었다.

　　하버마스의 글에 익숙한 독자이거나 이 책을 자세히 뜯어보는 독자 중 일부는 아마도 비슷한 내용이 곳곳에서 반복된다고 볼 수도 있을 것이다. 그러나 옮긴이가 보기에 소셜 네트워크로 대변되는, 현재의 디지털화된 공론장이 포용성·보편성·진실 추구 등과 같은 공론장의 원칙이 무력화된 "반쪽짜리 공론장 Halböffentlichkeit"이라는 하버마스의 비판은, 토의 민주주의 이론의 입장에서 제시될 수 있는 최선의 답이라 할 수 있다. 더욱이 우익 포퓰리즘이 민주주의를 위협할 뿐만 아니라 좌익 포퓰리즘이 하나의 대안으로까지 제시되는 상황에서 이러한 공론장의 퇴화에 대한 경계와 그것을 수호하기 위한 이론적·실천적 노력은 더욱더 필요하다고 판단된다. 옮긴이는 이 책이 이에 관한 활발한 논의를 촉발할 수 있기를 기대한다.

 1961년 하버마스가 『공론장의 구조변동』을 발표했을 때, 그리고 60여 년이 지난 2022년 『공론장의 새로운 구조변동』을 펴낼 때 그의 일관된 관심사는 서구 민주주의의 위기이다. 그가 보기에 1960년대 서구 민주주의의 위기는 19세기 영국에서 그 이념적 원형을 찾을 수 있다고 본 '부르주아 공론장'이 형해화되는 데 그 원인이 있다. 보편성·공개성·공공성을 특징으로 하여 서구 민주주의가 안정적이고 정당한 지배질서로 정착되는 데 기여했던 공론장이 그것의 전제 조건인 국가와 사회의 분리가 점차 무색해지면서 무늬만 공론장인 형태로 퇴색되고 있다는 것이다. 서구 근대가 국가와 사회의 분리에서 시작한다면 이는 과거로 회귀하는 것, 즉 '재봉건화'에 다름 아니다. 하버마스는 이로써 공론장에서의 주체도 '정치적으로 적극적인 공중'에서 '개인주의적인 공중으로', '문화 비평적인 공중'에서 '문화 소비적인 공중'으로 전락한다고 진단한다. 그러나 그는 이후 서구에서 나타난 '신사회운동' 등에 주목하고 이러한 비관주의적 평가로부터 벗어나, 전후 서구 '자유주의 사회'에서 공론장이 불완전한 형태로나마 살아 있으며, 시민 주체의 저항 능력도 작동하고 있음을 인정하고, 이에 따라 자신의 초기 이론을 수정한다. 이후 그는 이른바 이러한 '시민사회의 재발견'을 논의와 의사소통 행위에 대한 철학적 입론을 통해 근거 지으려 시도한다.

  2022년판 『공론장의 새로운 구조변동』에서 하버마스는 디지털화된 미디어 환경에서 이러한 자유주의의 공론장이 다시금 그 원칙을 상실해 가고 있다는 비판을 제기한다. 무엇보다도 공론장의 원칙 중 포용성·보편성·진실 추구가 뒷전으로 밀려나고 공公과 사私의 경계가 허물어지고 있다는 것이다. 이러한 공론장이 아닌 공론장, 파편화된 공론장, '반쪽짜리 공론장'이야말로 포퓰리즘이 배양될 수 있는 온상이라는 것이다. 물론 소셜 미디어가 가져온 공론장의 성격 변화만으로 현재 서구 민주주의의 위기와 포퓰리즘의 발흥을 설명할 수는 없을 것이다. 자본주의적 글로벌화, 디지털 기술과 AI 등 첨단기술의 발전, 계층 또는 계급 이론, 국제 이동과 이주의 가속화, 정체성 정치 등에 대한 논의 등으로 보완되어야 할 것이다. 그렇지만 다시금 공론장이라는 화두를 중심으로 서구 민주주의의 위기를 진단하는 하버마스의 시도는 정당한 지배질서로서 민주주의에 대한 논의를 풍부하게 해 줄 것이라 기대한다.

옮긴이는 이것이 한국적 상황에도 시의적절하다고 생각한다. 보수와 진보를 떠나 이른바 '팬덤'이라는 소수 지지자만 바라보는 정치, 진실 추구보다는 감정·분노·동원을 위한 수사가 난무하는 정치적 공론장, 진영화된 시민사회, 전통 미디어를 급속히 대체해 가며 누구나 저자가 되는 유튜브 언론(?) 등과 같은 현상은 이 책에서 제시된 '반쪽짜리 공론장'의 모습에 해당한다고 할 수 있다. '비판적 지식계층'이라는 하나의 사회적 집단이 사라졌다고 하지만, 현재 우리 민주주의가 맞이한 위기의 중요한 한 원인이라 할 수 있는 공론장의 퇴락에 대한 경계의 목소리가 아쉬운 현실에서 이 책이 하나의 자극일 수 있으면 좋겠다.

　　마지막으로 번역어에 대한 간략한 언급이 필요해 보인다. 무엇보다 '토의정치deliberative Politik'라는 번역어에 대한 옮긴이의 언급이 필요할 것이다. 이에 대한 우리말 번역어로 자주 사용되고 있는 심의審議는 '심사하고 토의한다'는 뜻으로, 의회에서 어떤 법안이나 예산안 등에 대해 '심의한다'에서와 같이 단순히 상세하게 토의한다는 의미를 넘어 법적 권한을 갖는 기관이 '심사한다'는 의미가 들어 있다. 따라서 정치적 공론장에서 벌어지는 다양한 수준의 Deliberation을 통틀어 '심의'로 번역하는 것은 적절하지 않은 것처럼 보인다. 다음으로 '숙고熟考' 또는 '숙의熟議'라는 용어가 자주 사용되고 있다. '숙고'의 사전적 의미는 '곰곰 잘 생각함'이고, '숙의'는 '깊이 생각하여 충분히 의논함'을 뜻한다. 먼저 '숙고'는 적절한 번역 후보로 적절치 않은데, 그것은 Deliberation에 필수적인, 어떤 타당성 주장에 대한 다수 참여자 사이의 이유 교환이라는 측면이 부각되지 못하기 때문이다. '곰곰 잘 생각'하는 것은 홀로도 할 수 있는 것이기 때문이다. 다음으로 '숙의'는 토론적 계기를 가지고 있어 Deliberation의 번역어로 결격 사유가 있다고 생각되지 않는다. 실제로 '숙고'보다는 '숙의'라는 용어가, 엄밀한 양적 비교를 해 보지는 못했지만, 더 자주 사용되는 것으로 판단된다. 같은 한자문화권인 일본에서도 '숙의'가 일반적으로 사용되는 것으로 보인다. 하지만 '숙의' 못지않게 자주 사용되는 번역어로는 '토의'가 있다. '토의討議'는 '어떤 문제에 대하여 검토하고 협의함'을 의미한다. 옮긴이는 '숙의'와 '토의' 중 후자를 번역어로 선택했다. '숙의'가 '무르익고 정통한 의견을 논의한다'는 것이라면 '토의'는 '어떤 것의 법도, 즉 진리를 탐구한다'는 것에 그 어원을 가지고 있다. 하버마스가 주장하는 Deliberation은 비록 언론 매체의 편집적 여과

장치를 거친 공적 의견들, 즉 여론에 대해 토의하는 것이지만, 그것이 꼭 '무르익고 정통한', 즉 전문적 의견이어야 할 필요는 없다. 이에 비해 '토의'는 그 대상이 되는 주제에 마찬가지로 편집적 여과 장치를 거친 여론들이란 제한 외에는 없다. 이런 점에서 옮긴이는 '숙의'보다 '토의'가 진입장벽이 낮은 것으로 판단했다. 그리고 무엇보다 '토의'라는 번역어를 선택한 이유는 참여자들이 어떤 의견의 이유들을 둘러싸고 찬반 논쟁이 벌어진다는 논쟁적 특성 또한 살릴 수 있기 때문이다. 그 밖에 몇 가지 번역어의 선택에 대해서는 옮긴이 주의 형태로 설명하였다.

2024년 1월, 남산자락에서

한승완